Martin Kirchner, *Fotograf aus Berlin, war vor allem von der lebendigen Kulturszene in Thüringen beeindruckt. Schiller, Goethe und Cranach beispielsweise sind für die Thüringer nicht nur große Namen, sondern ihr Erbe wirkt fort, und man ist stolz darauf.*

Oliver Gerhard, *Journalist aus Berlin, berichtet seit vielen Jahren regelmäßig über Thüringen. Besonders gefallen ihm hier die urwüchsigen Landschaften wie im Nationalpark Hainich und im Vessertal.*

Liebe Leserinnen, liebe Leser!

Ganz Deutschland feiert 2019 100 Jahre Bauhaus. Im Zentrum der Feierlichkeiten steht neben Dessau und Berlin Weimar, hier gründete Walter Gropius 1919 die Design- und Architekturschule, die prägend für das gesamte 20. Jahrhundert werden sollte. Rechtzeitig zum Jubiläumsjahr wird im April 2019 in Weimar ein neues Bauhaus-Museum eröffnet. Es birgt die gesamte Bauhaus-Sammlung der Stiftung Klassik mit rund 13 000 Exponaten (mehr dazu im DuMont Thema auf S. 68 ff.). Allein das ist schon ein guter Grund, um 2019 eine Fahrt nach Weimar und Thüringen zu planen. Viele weitere kommen dazu ...

Thüringen ist Lutherland

Schließlich hat ein anderes großes Jubiläum, 500 Jahre Reformation, gerade erst den Fokus auf das Lutherland Thüringen gelegt. Hier verbrachte Luther entscheidende Phasen seines Lebens, angefangen von der Schulzeit bis hin zu den Monaten, die er auf der Wartburg weilte und das Neue Testament ins Deutsche übersetzte. Und Thüringen ist auch die Heimat von Goethe und Schiller (wenngleich beide natürlich nicht hier geboren wurden). Gleich nach Goethes Tod 1832 setzte im kleinen Fürstentum Weimar ein beispielloser Dichterkult ein. Dabei ist es bis heute geblieben. Rund 500 000 Besucher kommen pro Jahr in das einstige Residenzstädtchen an der Ilm (im Bauhaus-Jubiläumsjahr werden es sicher noch mehr). Auch außerhalb Weimars wird man immer wieder mit Goethe konfrontiert, allerorten heißt es: „Goethe war hier!"

Unterwegs auf dem Rennsteig

Im Thüringer Wald erinnert gar ein Wanderweg an den Dichterfürsten, gekennzeichnet mit einem schlichten „g". Attraktion ist aber nach wie vor der Rennsteig, der wohl bekannteste Fernwanderweg Deutschlands. Wenn Sie ihn nicht zu Fuß oder per Rad – es gibt einen parallel zum Wanderweg verlaufenden Radweg – erleben wollen, so empfehlen wir Ihnen eine Tour mit dem MountainSkyver – was das ist? Lesen Sie es nach auf Seite 95!
Herzlich

Ihre

Birgit Borowski

Birgit Borowski
Programmleiterin DuMont Bildatlas

90 Luthers Handeln vor 500 Jahren führte zu weltweitem Wandel. In Thüringen hat der Reformator seine Wurzeln.

22 Sportlich am Rennsteig unterwegs

24 Erfurt war immer bedeutend für Thüringen und ist daher heute zu Recht die Landeshauptstadt

74 Die Wartburg gehört zu den meistbesuchten Sehenswürdigkeiten Thüringens.

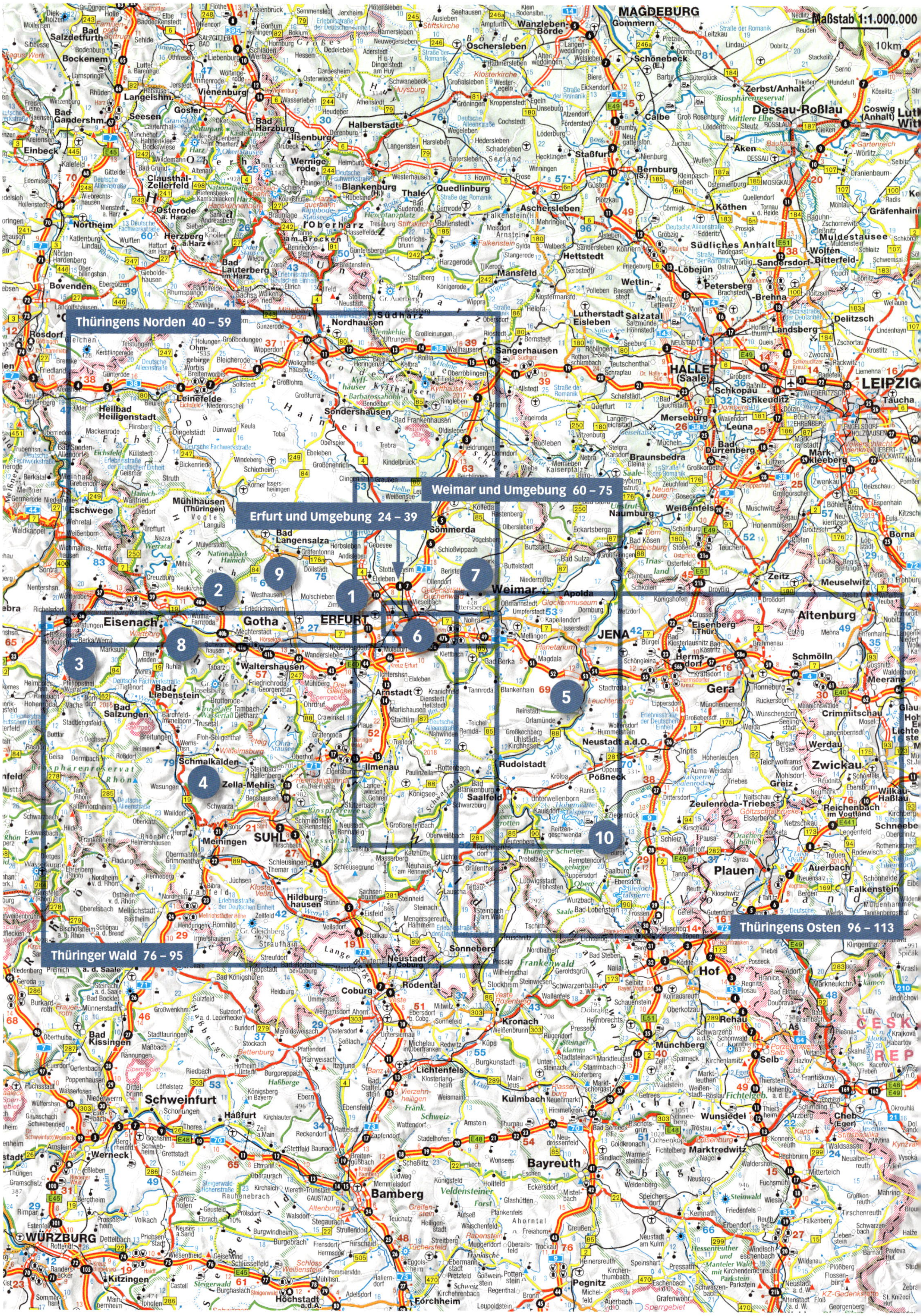
Maßstab 1:1.000.000
10km
Thüringens Norden 40 – 59
Erfurt und Umgebung 24 – 39
Weimar und Umgebung 60 – 75
Thüringer Wald 76 – 95
Thüringens Osten 96 – 113
1
2
3
4
5
6
7
8
9
10
MAGDEBURG
Halberstadt
Quedlinburg
Nordhausen
Sangerhausen
HALLE (Saale)
LEIPZIG
Heilbad Heiligenstadt
Mühlhausen (Thüringen)
Sondershausen
Bad Langensalza
Sömmerda
Eisenach
Gotha
ERFURT
Weimar
Apolda
JENA
Altenburg
Gera
Arnstadt
Ilmenau
Rudolstadt
Saalfeld
Schmalkalden
Zella-Mehlis
SUHL
Meiningen
Hildburghausen
Sonneberg
Zwickau
Plauen
Hof
Coburg
Bamberg
Bayreuth
Schweinfurt
WÜRZBURG

Topziele

Die bedeutendsten Sehenswürdigkeiten und Erlebnisse, die keinesfalls versäumt werden sollten, haben wir auf dieser Seite zusammengestellt. Auf den Infoseiten sind sie jeweils als **TOPZIEL** *gekennzeichnet.*

ERLEBEN

1 **Erfurter Krämerbrücke:** Im Herzen der Altstadt überspannt die Krämerbücke das Flüsschen Gera. **Seite 37**

2 **In Baumkronen unterwegs:** Der Nationalpark Hainich bietet ein umfangreiches Programm mit Ranger-Touren und anderen Aktivitäten. **Seite 57**

3 **Erlebnis Bergwerk Merkers:** Besuch in einem unterirdischen Labyrinth. Höhepunkt ist der „Goldraum" der Nationalsozialisten. **Seite 94**

4 **Fachwerk in Schmalkalden:** Nur in wenigen Orten Deutschlands ist es möglich, seinen Nachmittagskaffee vor so schöner Kulisse zu genießen. **Seite 94**

5 **Porzellan auf der Leuchtenburg:** Unterhaltsamer als in der multimedialen Ausstellung lässt sich das Thema Porzellan kaum vermitteln. **Seite 111**

KULTUR

6 **Erfurter Schatz:** Erfurts Alte Synagoge mit dem Erfurter Schatz gilt als ältestes komplett erhaltenes jüdisches Gotteshaus in Mitteleuropa. **Seite 37**

7 **Goethe-Nationalmuseum in Weimar:** Das Museum umfasst das Wohnhaus des Dichters samt Garten und eine Ausstellung zu dessen Leben und Werk. **Seite 73**

8 **Nationaldenkmal Wartburg:** Die Welterbestätte ist Inbegriff einer Burg. Ihr Inneres spiegelt die romantischen Phantasien des 19. Jahrhunderts und erinnert an Luthers Werk. **Seite 93**

NATUR

9 **Die Gärten von Bad Langensalza:** Entlang der Stadtbefestigung erstrecken sich wunderbare Themengärten. **Seite 57**

10 **Seenland im Saaletal:** Bei Ziegenrück bildet die Saale eine eindrucksvolle Flussschleife. Sie ist Teil der Saale-Kaskade mit fünf großen Staustufen. **Seite 112**

Hauch der Geschichte

Eine faszinierende Mischung aus Fachwerkbauten und steinernen Zeitzeugen macht einen Bummel durch die Altstadt von Erfurt zur Zeitreise (Foto: Krämerbrücke in Erfurt). Umso mehr, wenn man dabei die Geschichte der Stadt vor Augen hat, die bereits 742 vom legendären Bonifatius, dem „Apostel der Deutschen", gegründet wurde. Viele Städte Thüringens sind reich an Historie, doch richtete sich der Blick im Zuge von 500 Jahren Reformation insbesondere auf Erfurt und Eisenach – und viele weitere Stationen im Leben Martin Luthers.

Erhabene Landschaften

Mal zeigt sie sich still und majestätisch, dann wieder wild und ungestüm: Die Saale prägte eine der vielfältigsten Landschaften Thüringens. Ihre Schleife bei Ziegenrück ist Teil der Saale-Kaskade mit fünf großen Staustufen. Der Naturreichtum des Landes zeigt sich aber auch in seinen Gebirgen, allen voran der sagenumwobene Kyffhäuser und der Thüringer Wald.

Vergangenheit und Zukunft

Alt und Neu gingen in Jena schon immer eine fruchtbare Verbindung ein: Die Wagnergasse mit ihrer historischen Architektur hat Tradition als Studententreff. Im Hintergrund schimmert der JenTower, seit der Wende Sitz von Technologiefirmen. Thüringen blickt zurück auf eine lange Geschichte der Pionierleistungen, an die erfolgreich angeknüpft werden konnte.

Sternquell
SEIT 1857
Sternquell
Sternquell

Paradies für Sportler

Die Abraumhalden des einstigen Kalibergbaus bei Bischofferode bilden eine exotische Kulisse für Radtouren. Mit seinen rund 1500 Kilometern Radfernwegen ist Thüringen ein ideales Revier. Doch viel älter ist die Wandertradition des Bundeslandes: Der Rennsteig als bekannteste Weitwanderstrecke Deutschlands wurde schon zu Beginn des 19. Jahrhunderts begangen. Jeden Winter verwandelt er sich in einen fast 150 Kilometer langen Skiwanderweg.

Gutes Klima für die Kunst

400 Werke von Otto Dix befinden sich im Besitz der Stadt Gera, wo der berühmt-berüchtigte Maler aufwuchs und erste Motive fand. In seinem Elternhaus sind Teile seines Schaffens ausgestellt. Dank der Sammelleidenschaft vieler Adliger stand Kunst in Thüringen immer hoch im Kurs – und ist heute in vielen renommierten Museen des Landes zu sehen.

Thüringen ist grün

Land- und Forstwirtschaft tragen – wie überall woanders auch – nur noch zu einem geringen Teil zur Wertschöpfung bei. Dennoch ist ihr Beitrag zur Landschaftspflege überaus bedeutend. Und nicht nur Wanderer und Radler schätzen es, die herrlichen Wälder und Wiesenflächen zu durchqueren, wo auch heute nicht selten Streuobstwiesen Abwechslung bieten – wie hier zu Füßen der mittelalterlichen Leuchtenburg, die den „Porzellanwelten“, einer geradezu spektakulären Museumsgründung der letzten Jahre, ein Zuhause bietet.

Das Erbe der Fürstenhäuser

Höfische Musik, historische Gewänder: Vor der barocken Orangerie in Gera wird zum Tanz aufgespielt, Besucherscharen strömen durch den einstigen Küchengarten der Fürsten Reuß. Thüringen ist noch reich an Burgen und Schlössern, Parks und Gärten, ein Erbe der einstigen Kleinstaaterei – und ein bedeutender Anziehungspunkt für Besucher aus aller Welt.

Die schönsten Radtouren und Wanderungen

Über Stock und Stein

Thüringer Wald, Harz, Rhön: Thüringens Mittelgebirge sind nicht nur für Wanderer, sondern auch für Radler und Mountainbiker reizvolle Reviere. Wer lieblichere Landschaften vorzieht, wandert oder radelt in den Täler von Ilm, Werra, Saale oder Schwarza.

1 Wanderung: Weltnaturerbe Buchenwald

Der Nationalpark Hainich zählt mit seinen urwüchsigen Buchenwäldern zum Weltnaturerbe der UNESCO. Mehr als 20 markierte Wanderwege führen durch das Schutzgebiet. Das Ökosystem in seiner ganzen Vielfalt erlebt man am besten auf dem Wanderweg „Hünenteich": Es geht dabei über frühere Schafsweiden zum Hünenteich, an dem Molche und Frösche leben. Erlenbrüche säumen die Strecke und Streuobstwiesen – und natürlich die wichtigsten Bewohner des Hainich: mächtige Buchen.

Länge: 4,8 km, 1–2 Std.
Schwierigkeit: leicht
Start/Ziel: Parkplätze „Zollgarten" oder „Fuchsfarm"
Informationen: www.nationalpark-hainich.de

2 Wanderung: Sieben Gipfel

Zugegeben, Thüringen muss etwas schummeln, um die 1000 Meter-Marke zu knacken: Der Schneekopf – mit 978 Metern eigentlich der zweithöchste Berg des Landes – überragt nur dank seines Aussichtsturms die magische Grenze. Er ist einer von sieben Gipfeln auf einer herausfordernden Tour für Wanderer mit guter Kondition. Als Belohnung warten phantastische Ausblicke, zum Beispiel vom Großen Finsterberg, dem Fichtenkopf und dem Großen Beerberg – mit 982,9 Metern höchster Berg Thüringens.

Länge: 28 km, ca. 7 Std.
Schwierigkeit: schwierig
Start/Ziel: Suhl
Informationen: www.thueringen-entdecken.de unter „Wandern"

3 Wanderung: Luthers Wurzeln

Wartburg, Wittenberg, Augustinerkloster: Wer sich den Wurzeln des Reformators nähern will, darf sich auf Wanderschaft begeben. Die Tour über die Kämme des Thüringer Waldes bis zur Wartburg beginnt in Möhra, über Generationen der Sitz der Familie Luther. Zu sehen sind hier die kleine Lutherkirche und ein Denkmal. Aussichtsreich geht es weiter Richtung Eisenach, vorbei an Schloss Wilhelmsthal und der geschichtsträchtigen „Sängerwiese".

Länge: 17,7 km, ca. 5.30 Std.
Schwierigkeit: mittel
Start: Möhra
Ziel: Wartburg
Informationen: www.touren-lutherland-thueringen.de

4 Wanderung: Auf Goethes Spuren

„Über allen Gipfeln ist Ruh ..." – Goethes wohl berühmtestes Gedicht entstand nahe Ilmenau, auf einer Wanderstrecke, die der Dichter viele Male in seinem Leben zurücklegte. Seine Lieblingsorte säumen den Goethe-Wanderweg: der Schwalbenstein, die Felsenhöhle Hermannstein, das Jagdhaus Gabelbach – und natürlich der Kickelhahn, wo er das Gedicht auf dem Holz einer Hütte verewigte. Mehrere Museen entlang des Weges dokumentieren Goethes Wirken in der Region.

Länge: 20 km, ca. 5–6 Std.
Schwierigkeit: mittel
Start: Ilmenau
Ziel: Stützerbach
Informationen: www.ilmenau.de

5 Wanderung: Auf dem Keltenpfad

Zu DDR-Zeiten war der Öchsenberg in der Rhön viele Jahre gesperrt, doch nach der Wende erinnerte man sich wieder an die keltische Geschichte dieser Region an der Werra, in der zahlreiche Ringwälle und Hügelgräber ausgegraben wurden. Der Keltenpfad führt durch die Buchenwälder auf Öchsen- und Dietrichsberg und verbindet dabei einstige keltische Festungsanlagen mit dem Keltendorf Sünna, einem Freilichtmuseum, das die alte Kultur wieder zum Leben erweckt. Informationstafeln informieren unterwegs über die Hintergründe.

Länge: 16,9 km, ca. 4 Std.
Schwierigkeit: mittel
Start/Ziel: Sünna
Informationen: www.thueringen-entdecken.de unter „Wandern"

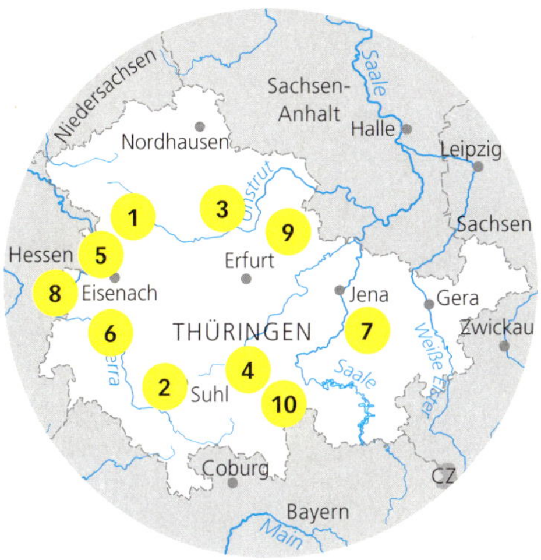

6 Radtour: Drei Talsperren

Die Bleilochtalsperre ist der größte Stausee Deutschlands, aber nicht die einzige der Region. Die Rundtour führt zunächst zur Lütschetalsperre, in deren Wasser man sich auch erfrischen darf. Rund zehn Kilometer und 200 Höhenmeter weiter folgt der Ohrastausee, ein Trinkwasserreservoir. Ein weiterer Anstieg inklusive Abfahrt ist zu meistern, bevor man die Schmalwassertalsperre erreicht. Hier lohnt ein Blick auf den knapp 100 Meter hohen Falkenstein.

Länge: 45 km
Schwierigkeit: mittel
Start/Ziel: Oberhof
Informationen: www.thueringen-entdecken.de unter „Radfahren"

7 Radtour: Thüringer Mühlenradweg

Getreidemühlen, Papiermühlen, Holzmühlen: In den Tälern des Saalelandes blickt das Handwerk auf eine lange Tradition zurück. Insgesamt 25 historische Bauten verbindet der Thüringer Mühlenradweg. Die Rundstrecke, auch in Teilabschnitten befahrbar, durchquert den bewaldeten Zeitzgrund und das Eisenberger Mühltal. Die Schaumühle in Thalbürgel informiert über die Geschichte.

Länge: 80 km (55 km Asphalt, 25 km Waldwege)
Schwierigkeit: mittel
Start/Ziel: Jena
Informationen: www.radroutenplaner.thueringen.de

8 Radtour: Wirkungsstätten der hl. Elisabeth

Die hl. Elisabeth ist die Schutzpatronin Thüringens – ihr Wirken wurde zum Sinnbild für Nächstenliebe. Eine Radtour verbindet zwei ihrer Lebensstationen. Sie beginnt in der Wartburg, in der Maler Moritz von Schwind das berühmte Rosenwunder verewigte, und nimmt dann den Herkules-Wartburg-Radweg nach Hörschel. Auf dem Werratal-Radweg geht es weiter nach Creuzburg, einen Lieblingsort Elisabeths. Die Tour endet im Stiftsgut Wilhelmsglücksbrunn mit Radlerherberge.

Länge: 20 km (16 km Asphalt, 3 km Schotter, 1 km Waldweg)
Schwierigkeit: leicht
Start: Wartburg
Ziel: Wilhelmsglücksbrunn
Informationen: www.thueringen-entdecken.de unter „Radfahren"

9 Radtour: Von Gartenhaus zu Gartenhaus

Einer von Goethes Lieblingsorten in Weimar war der Park an der Ilm – hier steht das Gartenhaus, in dem er an zahlreichen Werken gearbeitet hat. Eine Kopie des Häuschen gibt es in Bad Sulza. Eine Radtour verbindet beide. Sie führt nicht nur durch idyllische Landschaften, sondern auch vorbei an Sehenswürdigkeiten wie Kromsdorf mit seinem Renaissanceschloss, Oßmannstedt mit dem Wielandgut und Schloss Tiefurt mit seinem Park. Zum Abschluss lässt sich in Bad Sulzas Bäderwelt entspannen.

Länge: 39 km (27,5 km Asphalt, 6 km Schotter, 5,5 km Pflaster)
Schwierigkeit: leicht
Start: Weimar
Ziel: Bad Sulza
Informationen: www.thueringen-entdecken.de unter „Radfahren"

10 Mountainbiketrail Oberweißbacher Bergbahn

Die steilen Hänge im Thüringer Wald mit dicht stehenden Fichten und moosigen Felsbrocken mögen Genussradler schrecken – Mountainbiker sehen sie als Herausforderung. Eine neue Strecke an der Oberweißbacher Bergbahn bietet 300 Höhenmeter Abfahrt bei bis zu 25 Prozent Gefälle. Durch Wiesen und Wälder geht es weniger spektakulär zu. Wer mehrfach abfahren möchte nutzt mit seinem Rad ganz einfach die Bergbahn.

Länge: 7,4 km (0,7 km Asphalt, 6,7 km Waldpfade und -wege)
Schwierigkeit: sehr schwer
Start/Ziel: Oberweißbach-Lichtenhain
Informationen: www.thueringer-wald.com unter „Radfahren"

Der
chokoladen
Glühwein vom Winzer

Das Herz Thüringens

Die Landeshauptstadt bildet gemeinsam mit Weimar das Herz Thüringens. Als Handelsmetropole an der Via Regia gelangte Erfurt einst zu Wohlstand – auch dank der Färberpflanze Waid. Die daran erinnernde Krämerbrücke aus dem 14. Jahrhundert blieb bis heute ein Zentrum für Kunsthandwerk. Mit seinen erst um die Jahrtausendwende entdeckten jüdischen Kulturschätzen bewirbt sich Erfurt zudem für das Welterbe der UNESCO.

Beim Erfurter Weihnachtsmarkt wird es bunt am Domberg

Vom Turm der Erfurter Ägidienkirche geht der Blick auf die Krämerbrücke und über die Altstadt bis hin zum Domberg mit Dom und Severikirche

Ein in ganz Europa seltener Anblick:
die Häuserreihe auf der Erfurter Krämerbrücke

Kleine Läden und Cafés bilden auf der Krämerbrücke ein gemütliches Ensemble

Erfurter Krämerbrücke: Im „Theatrum Mundi" arbeitet der Puppenmacher Martin Gobsch

Seit 1325 tragen steinerne Brückenbögen die einst 62 engen Häuschen der Erfurter Krämerbrücke.

Das Kopfsteinpflaster liegt verlassen, nur selten hallen Schritte darüber. Drei leere Tische warten vor dem Bistro „Mundlandung" auf erste Gäste. Eine getigerte Katze streicht an den historischen Fachwerkfassaden und bunt bemalten Holztüren entlang. Die sprichwörtliche Ruhe vor dem Sturm: Der frühe Morgen ist die beste Zeit, um die Krämerbrücke mit Muße zu betrachten, Wahrzeichen und Besuchermagnet Erfurts. Schon im achten Jahrhundert sollen Händler auf einer einfachen Holzbrücke über den Breitstrom, einem Seitenarm der Gera, allerlei „Kram" verkauft haben: Kleinwaren, Stoffe, Gewürze, Schmuck. Weil die Konstruktion immer wieder abbrannte, wurde sie 1325 durch eine Steinbrücke ersetzt, beiderseits gesäumt von 62 kleinen Häusern. Keller in den Brückenpfeilern dienten als Kühl- und Lagerräume.

Das 125 Meter lange Bauwerk ist die längste vollständig mit Häusern bebaute Brücke in Europa – sie wird gerne mit dem prächtigen Ponte Vecchio in Florenz verglichen. Zu DDR-Zeiten schlummerte sie einen Dornröschenschlaf. „Es gab nur wenige Geschäfte", sagt Töpfermeisterin Ursula Reindel, die hier seit 1981 einen Laden hat. „Meist waren wir bereits am Ende eines Tages komplett ausverkauft."

Nach der Wende kamen die Investoren – mit vielen Ideen im Kopf und Dollarzeichen in den Augen. Doch dank einer Bürgerinitiative setzte die Stadt schließlich auf Qualität statt auf Quantität: Bis heute gibt es keine Markengeschäfte, keine Ramschläden, keine amerikanischen Coffee-Shops. Stattdessen Kunsthandwerk, Feinkost, Antiquitäten und Galerien. Eine Stiftung wacht darüber, dass Geschäfte nicht an den Meistbietenden, sondern an den Bewerber mit den besten Ideen vermietet werden.

„Wir sind hier wie ein kleines Dorf", sagt Martin Gobsch über die Gemeinschaft auf der Brücke. Der junge Puppenbauer schnitzt vor den Augen der Passanten in seiner kleinen Werkstatt. An den Wänden hängen Skizzen, Sägespäne bedecken den Boden. „Die Brücke ist mein Leben", schwärmt der Mittdreißiger, der hier auch eine kleine Wohnung hat. Und rät zu Wachsamkeit: „Manche wollen die Brücke ‚wirtschaftlicher' machen."

Die Spuren des Blauen Goldes

Nur zwei Türen weiter wird regelmäßig „blau gemacht". Rosanna Minelli zeigt den Besuchern ihres Ladens ein paar braune Kugeln: Waidballen. Der Rohstoff für blaue Farbe, den man schon in der Antike zu nutzen wusste, wurde

Über dem Domplatz ragen Dom und Severikirche auf; das Denkmal erinnert an die Herrschaft von Kurmainz, die erst 1802 nach bald 140 Jahren endete (oben). Im mittleren Domturm erklingt bei besonderen Anlässen die 1497 gegossene Glocke „Maria Gloriosa“ (unten links). Die Bibliothek des Erfurter Augustinerklosters (unten rechts)

Jedes Jahr werden die Treppen vor dem Erfurter Dom zur großen Bühne – hier eine Szene aus der Rockoper „Jedermann"

Special

Königliche Straße

Hier begann es

742 tauchte die Stadt erstmals als „Erphesfurt" in den Schriftstücken auf. Damals gründete der Franken-Missionar Bonifatius das Bistum Erfurt.

Eine Furt durch die Gera diente als Flussquerung für Reisende und Waren – Brücken gab es im frühen Mittelalter nur selten. Erst im 11./12. Jahrhundert wurde eine Holzbrücke errichtet. Der feste Übergang war Teil der späteren Via Regia, der Königlichen Straße, die Frankfurt am Main mit Krakau verband, mit Anschluss nach Spanien und über die Ukraine nach Russland. Über Jahrhunderte bildete sie die bedeutendste Landverbindung zwischen Ost- und Westeuropa, nicht nur für den Handel, sondern auch für Pilger auf ihrem Weg nach Santiago de Compostela beispielsweise und nicht zuletzt für das Militär. In Erfurt kreuzte sie sich mit der Nürnberger Geleitstraße, auf der ein Teil des Messeverkehrs von

Via Regia – auch auf der Krämerbrücke

Nürnberg nach Frankfurt abgewickelt wurde. 2005 wurde die Via Regia zur „Europäischen Kulturstraße" ernannt. Routen, die wegen ihres geschichtlichen, künstlerischen und sozialen Umfeldes für ganz Europa bedeutsam sind, erhalten diesen Ehrentitel. In Erfurt markieren weiße Schilder den Verlauf – in der Waagegasse beispielsweise mussten die Händler Zölle entrichten, in der Futterstraße wurden ihre Pferde versorgt.

zwischen dem 13. und 17. Jahrhundert großflächig in Thüringen angebaut – um das Jahr 1600 zählte man rund 300 Waiddörfer.

Der Rohstoff wurde traditionell auf dem Erfurter Anger verkauft und gelangte über die Handelsstraßen nach ganz Europa. Das Geschäft war streng reguliert, nur wenige privilegierte Bürger, sogenannte Waidjunker, durften mit dem Farbstoff handeln. Viele Straßennamen und die prächtigen Paläste eben dieser Waidjunker wie das Haus Zum Roten Ochsen und das Haus Zum Stockfisch erinnern daran.

Doch dann überschwemmte die wesentlich einfacher zu verarbeitende Indigopflanze aus Asien den Markt. Der Dreißigjährige Krieg brachte den Waidanbau schließlich fast ganz zum Erliegen. Erst heute erfährt die Pflanze neues Interesse als natürlicher Farbstoff. Rosanna Minelli färbt Tücher und Schals mit ihren selbst hergestellten Pigmenten. Ein aufwändiges Verfahren: Sie erntet die Blätter und zermahlt sie, weicht sie in Wasser ein und lässt sie gären, bis sich die Pigmente durch Oxidation lösen. Minelli öffnet ein Fläschchen mit blauem Pulver: „Ein Gramm kostet 45 Euro."

Vom hohen Aufwand kann auch Sigritt Weiß ein Lied singen, die den Blaudruck in der DDR am Leben erhielt.

Am Erfurter Fischmarkt steht das Rathaus; ihm zur Seite schöne Bürgerbauten wie das Haus Zum Breiten Herd und das Gildehaus (oben). Die Bornsche Senffabrik wurde bereits 1820 gegründet; hier das Ladengeschäft am Wenigemarkt (unten links). Machtbewusst residiert die Thüringer Staatskanzlei hinter der barocken Fassade der ehemaligen kurmainzischen Statthalterei (unten rechts)

Durch die Rathausarkaden geht der Blick auf den fassadengeschmückten Fischmarkt – herausragend genau gegenüber das Haus Zum Roten Ochsen, heute Kunsthalle Erfurt

Wer könnte wissender durch seine Stadt führen als der Erfurter Nachtwächter?

Nach ersten Sicherungsarbeiten begannen 1990 in der Erfurter Altstadt umfangreiche Erneuerungs- und Restaurierungsarbeiten – eine Aufgabe, die sich mehr als gelohnt hat.

Die Handwerksmeisterin ließ dafür nach eigenen Entwürfen Druckstöcke fertigen, mit denen sie in Handarbeit mit Indigo komplizierte Muster auf Tischdecken, Tücher und Schürzen druckte. Ihren Titel als offizielle Kunsthandwerkerin musste sie sich zu DDR-Zeiten erkämpfen, ihre Werke waren gefragt: „Viele Kunden steckten sie in Pakete in den Westen", sagt sie. „Im Grunde waren wir ein illegaler Exportbetrieb."

Stadt der Gärten

Erfurt war schon immer eine Stadt der Blumen und Gärten. Im Jahr 1705 musste jeder Bürger per Verordnung zwölf Obstbäume pflanzen. Ratsmeister Christian Reichart lockte damals nicht nur kompetente Gärtner in die Stadt, sondern legte auch den Grundstein für den modernen Gartenbau und Samenhandel. In allen Farben schillernde Blumenfelder bildeten einen bunten Ring um die Stadt.

Schon zu DDR-Zeiten entstand hier die „Internationale Gartenbau Ausstellung". Heute bildet der Egapark mit Tropen- und Schmetterlingshalle, Themengärten und dem größten ornamental bepflanzten Blumenbeet Europas eine grüne Lunge. 2021 wird in Erfurt die Bundesgartenschau stattfinden. In Dialogrunden sollen die Bürger ihre Ideen dafür einbringen. Sie wünschen sich Selbsterntegärten, eine Naturwiese und einen Hain mit den „Bäumen des Jahres".

Zu den Gärten der Stadt zählen auch die sogenannten Klingen, Wasserbecken, in denen in warmem Quellwasser Brunnenkresse gedeiht. Napoleon war so begeistert von dem scharf schmeckenden Kraut, dass er einen Erfurter Gärtner nach Versailles mitnahm. „Mein Vater musste jede Woche eine Lieferung nach Berlin schicken – für Walter Ulbricht persönlich", sagt Ralf Fischer, der einzig verbliebene Brunnenkresse-Züchter.

Heute reißen sich die Erfurter Restaurants um seine Ernte, für ihre Suppen oder Salate. Doch Fischer muss immer wieder Käufern absagen, damit seine Stammkunden keinesfalls zu kurz kommen: „Manchmal kommt auch eine alte Dame mit ihren abgezählten Knöppen."

Jüdisches Erbe

Erfurt war im Mittelalter nicht nur ein politisches und wirtschaftliches, sondern auch ein bedeutendes geistiges Zentrum in Europa. Besonders bewegt – und zudem tragisch – war die Geschichte der ersten jüdischen Gemeinde, die im Hochmittelalter jäh aus ihrer Blüte gerissen wurde: Im Juli 1349 brachte ein Pestpogrom Mord und Zerstörung, die Stadt

Die Erfurter Weinzunft betreut die Reben auf dem Petersberg – einst als Zeichen der Freundschaft mit der pfälzischen Gemeinde Bechtheim gepflanzt (oben links). Die Gera durchfließt Erfurt – hier Paddler auf ihrer feuchten Stadtrundfahrt (oben rechts). Vitrine als Apfelgarten: Das Gartenbaumuseum zeigt auch eine Pomologische Sammlung (unten links). Das repräsentative Lustschloss Molsdorf entstand im 18. Jahrhundert aus einer Wasserburg (unten rechts)

eignete sich die begehrten jüdischen Grundstücke an.

Ein Kaufmann übernahm das Gebäude der Synagoge, im 19. Jahrhundert zog hier ein Gasthof ein. Im einstigen Gebetsraum wurde getanzt und gekegelt, Bier getrunken und Schweinebraten gegessen. Längst war der ursprüngliche Zweck des Gebäudes in Vergessenheit geraten – und konnte so die Zeit des Nationalsozialismus unbeachtet überdauern.

Im Jahr 1998 rückte ein spektakulärer Fund diesen Teil der Stadtgeschichte ins Licht der Öffentlichkeit: Bauarbeiter fanden eine verbeulte Schale, die sie zunächst als Aschenbecher benutzten – bis Archäologen sie als Silberschale identifizierten. In einer Notgrabung zur Prävention gegen Raubgräber wurde ein

Mit seinem Museum Alte Synagoge besitzt Erfurt einen Schatz, der in Deutschland seinesgleichen sucht.

Schatz geborgen: französische Silbermünzen und silberne Barren, goldene Ringe, Broschen und Gürtelteile. Nur ein einziges Stück – ein jüdischer Hochzeitsring mit der Aufschrift „Masel tov“ – verwies auf die Herkunft des Besitzers, eines Geldverleihers, der den Pogrom nicht überlebt hatte.

2007 wurde schließlich unweit der Krämerbrücke eine Mikwe aus dem 13. Jahrhundert entdeckt, ein jüdisches Tauchbad, das der rituellen Reinigung der Gläubigen diente. Das Bad mit seinem sieben Stufen hinab ins Wasser überdauerte die Zeit als Keller und Lagerraum. Kein anderer Ort kann eine so große Fülle an Zeugnissen aus der jüdischen Blütezeit des Mittelalters vorweisen wie Erfurt – die Stadt bewirbt sich daher um die Aufnahme ins Welterbe der UNESCO.

Die interessantesten Food-Manufakturen

Leckereien am Wegesrand

Die Liebe zum Handwerk hat in Thüringen Tradition – auch in der Kulinarik. Viele Manufakturen sind auf mit Aufwand hergestellte Produkte spezialisiert – und lassen sich auch bei der Arbeit über die Schulter blicken: zum Beispiel in einer Kuchenmanufaktur und einer Imkerei, auf einem Ziegenhof und in einer Senfmühle.

1 Schlossimkerei Tonndorf

Rund 60 Menschen leben auf Schloss Tonndorf nahe Erfurt in einer Gemeinschaft, um das Gebäude und die umliegende Kulturlandschaft mit ihren Streuobstwiesen zu erhalten. Einen Beitrag dazu leistet auch die Schlossimkerei – der Bioland-Betrieb bewirtschaftet über 100 Bienenvölker. Besucher können sich im Bienenschaugarten umsehen und auf geführten Touren einen Blick in die Produktion werfen.

Schlossimkerei, Schloss 156, 99438 Tonndorf, www.schlossimkerei.de, www.schloss-tonndorf.de. Anmeldung zur Imkereiführung (1,5 Std.) bei Detlef Rien, drien@posteo.de, Tel. 0160 444 88 65

2 Koriat Kuchenmanufaktur

Thüringen ist bekannt für seine hervorragenden Blechkuchen – gebacken nach altem Familienrezept. Doch was entsteht, wenn man diese Tradition mit orientalischen Einflüssen mischt? Aviv Koriat wuchs im israelischen Kibbuz auf, unter Frauen, die jedes Wochenende frische Kuchen buken, mit Obst frisch vom Baum, Milch direkt von der Kuh – und tropischen Früchten. Und so gibt es in seiner Kuchenmanufaktur nicht nur klassische Kuchen mit Apfel und Birne, sondern auch mit Orientalischer Orange und Pekannuss-Schokomousse.

Koriat Kuchen-Manufaktur, Steubenstraße 48, 99423 Weimar, Tel. 03643 855 28 99, www.koriat.de; Di.–So. 10.00–18.00 Uhr

3 Kulinarische Zeitreisen

„Nimm soviel Mehl, wie Du meinst, dass es genug sei und wirf etliche Eier hinzu ..." – die Mengenangaben in historischen Rezepten sind nicht immer hilfreich. Eine kleine „Natur- und Feinkostmanufaktur" nördlich von Weimar hat alte Rezepturen wieder zum Leben erweckt. Margitta Braun bietet Gelees, Fruchtaufstriche, Elixiere, Essenzen, Essig und Sirups, alles aus Handarbeit. Ihre museal wirkende Probierstube ist nach Vereinbarung geöffnet, ihre Produkte gibt es auch online.

Kulinarische Zeitreisen, Hauptstraße 1, 99439 Heichelheim, Tel. 03643 77 32 94, www.kulinarische-zeitreisen.com

4 Ziegenalm Sophienhof

Ein Wiesenplateau mit weidenden Schafen und Ziegen, ein Dorfteich mit Enten und Gänsen, Gehege mit Wollschweinen, Harzrindern und Ziegen: Das ist der Ort Sophienhof im Harz. Die Ziegenalm hat sich auf diese Tiere spezialisiert. Die gesamte Milch wird in der hauseigenen Käserei verarbeitet – in Handarbeit und ohne künstliche Zusätze. Auf Bestellung werden auch Hausschlachtungen durchgeführt. Während der Hauptsaison finden regelmäßig Führungen über den Hof statt: mit einem Besuch bei der Ziegen- und Schafherde, einem Abstecher zum Damwildgatter und einem Blick in die Käserei. Zum Abschluss wartet eine Verkostung von Ziegenkäse und Schlachtwurst.

Ziegenalm Sophienhof, Dorfstraße 44, 99768 Sophienhof/Harz, www.ziegenalm.de; Führungen Mai–Okt. jeden 1. und 3. Sa. im Monat um 15.00 Uhr, Hofladen Mi.–Fr. 11.00 bis 18.00, Sa. und So. 10.00 bis 18.00 Uhr

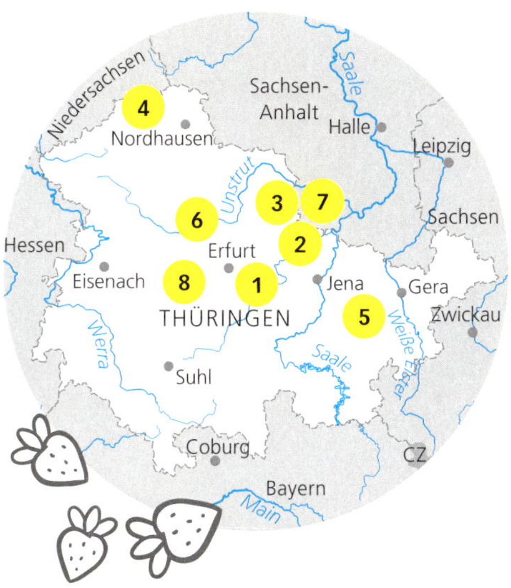

5 Eisenberger Marmeladenmanufaktur

Man findet sie auf Wochenmärkten, Hoffesten, Landmärkten und regionalen Events in Thüringen. Und man darf bei ihrer Entstehung zusehen: „Besuche ausdrücklich erwünscht“, heißt es in der Eisenberger Marmeladenmanufaktur von Nicole Kruse. Die gelernte Hauswirtschaftsmeisterin stellt seit 2008 in Handarbeit und weitgehend aus Zutaten aus der Region Fruchtaufstriche her. Zu ihrem Portfolio gehören interessante Mischungen wie Orange-Kumquat, Pflaume-Lebkuchen oder Kirsch-Espresso, Kinder werden bei „ErdBär“ und „HimBär“ im Bärchenglas schwach. Inzwischen kann man die preisgekrönten Marmeladen auch online kaufen – bis zu 100 Sorten sind im Angebot.

Eisenberger Marmeladenmanufaktur, Geraer Straße 13, 07607 Eisenberg, Tel. 03669 18 32 82, www.marme-laden.com; Termine nur nach Vereinbarung

6 Heichelheimer Kloßwelt

Thüringen ohne Klöße – das wäre undenkbar! Angeblich hat jede Thüringer Hausfrau ihr geheimes Rezept, über Generationen vererbt. Doch wo erfährt man etwas über diese Geheimnisse? In Heichelheim, der „Hauptstadt der Kloßherstellung“! Die ansässige Manufaktur informiert in ihrer „Kloßwelt“ über die Geschichte der Spezialität. Man kann Kloßgerichte kosten und frische Rohmasse mit nach Hause nehmen.

Thüringer Kloß-Welt, Hauptstraße 3, 99439 Heichelheim, Tel. 03643 441 22 23, www.thueringer-kloss-welt.de; Mo.–Sa. 9.00 bis 17.00, So. 11.00 bis 17.00 Uhr

7 Brotklappe Weimar

Es könnte so einfach sein: „naturbelassene Zutaten, verständnisvolle Handarbeit, viel Zuwendung und Zeit“ – für ein nahrhaftes und lange haltbares Brot. Die Realität sieht heute anders aus. Zwei Quereinsteiger haben das Backen auf den Kopf gestellt: Sie arbeiten am Tag und schlafen in der Nacht. Sie verarbeiten Mehl aus einer alten Wassermühle und verzichten auf Zusatzstoffe. Ab 17.00 Uhr gibt es das frische Brot – nach 36 Stunden Produktion. Auf der Menükarte des kleinen Cafés findet man jede Woche andere Köstlichkeiten – und an Montagen wird zum Pizza-Abend geladen.

Brotklappe, Trierer Straße 46, 99423 Weimar, Tel. 03643 415 00 35, www.brotklappe.de; Mo. 9.00 bis 22.00, Do.–So. 9.00 bis 20.00 Uhr

8 Senfmühle Kleinhettstedt

Der Ilm ist die Kraft ausgegangen: Einst trieb der Fluss die Mühle an, deren Fachwerkbauten idyllisch am Fluss liegen – seit dem 16. Jh. wird hier gemahlen, gesägt und gesponnen. Doch die uralten Mühlsteine sind noch in Gebrauch. Das Familienunternehmen in neunter Generation konnte nach der Wende wieder an die Tradition anknüpfen, der Senf der Mühle wird inzwischen in die ganze Welt verschickt. Mehr als 20 Sorten sind im Angebot: mit Curry, Feigen, Bockshornklee – oder einem Schuss Doppelkorn. Besucher dürfen sich alles ansehen und den Senf verkosten.

Senfmühle, Kleinhettstedt 44, 99326 Ilmtal, Tel. 03629 80 10 37, www.premium-senf.de; April bis Nov. Di.–Sa. 10.00–18.00, So. 10.00–17.00, sonst Di. bis So. 10.00–16.30 Uhr

ERFURT
Maßstab 1:18.000
0
400m
Hungerbach-
siedlung
Brühler-
vorstadt
Andreas-
vorstadt
Johannes-
platz
Löbervorstadt
Petersberg
Nordpark
Stadtpark
Südpark
Augustapark
1=Ludw.-Mollner-Str.
2=Mathes-Maler-Str.
3=Martin-Buber-Str.
4=Justus-Jonas-Str.
1 = Sperlingsweg
5 = Johannes-Hartmann-Straße
1 = Johannesplatz
1=Helgolände
2=Wilhelmsha
Straße
2 = Auf der Cyriaksburg
4 = Schneidergäßchen
1=Frans-Hals-Str.
2=Jaraczewkystraße
Erfurt Hbf.
13,52,61,155
208,220,234
235,350,357
Universität Erfurt
Pädagog. Hochsch.
Helios-Klinikum Erfurt
Stadtwerke
Bundes-arbeitsger.
Landes-regierung
Leipziger Platz
Gothaer Pl.
Juri-Gagarin-Ring
Stauffenbergallee
Nordhäuser Straße
Magdeburger Allee
Hannoversche Straße
Gothaer Straße
Arnstädter Straße
Weimarische Straße
Schillerstr.
Martin-Andersen-Nexö-Str.
Werner-Seelenbinder-Str.
Käthe-Kollwitz-Str.
Blumenstr.
Dom-platz
Fisch-mkt.
Anger
Krämerbr.
Egapark
Erfurter Garten- u. Ausstellungs-gelände
Sporthalle
Steigerwald-stadion
Eissport-zentrum
Leistungssport-zentrum
Kleingärten Am Gera-strand
Liege-wiese
Indianer-fort
Waldkasino

Bilderbuch der Geschichte

Der Schriftsteller Arnold Zweig nannte Erfurt einst ein „Bilderbuch der deutschen Geschichte". Dessen besonderes Schmuckstück ist die prächtig erhaltene mittelalterliche Altstadt mit ihrem Wahrzeichen, der Krämerbrücke. In der wiederentdeckten Synagoge ist das jüdische Erbe mit dem „Erfurter Schatz" noch präsent.

Allgemein

Erfurt ist die Landeshauptstadt und mit rund 213 000 Einw. größte Stadt Thüringens. Die erste Erwähnung erfolgte 742 anlässlich der Gründung des Bistums durch den Missionar Bonifatius. Im Mittelalter entfaltete sich ein ausgeprägtes Handelsleben, das zu beträchtlichem Wohlstand führte. Wegen seiner vielen Kirchen und Klöster wurde Erfurt damals auch als „Deutsches Rom" bezeichnet. 1379 wurde die Universität gegründet; 1501 begann Martin Luther hier zu studieren. Ab 1664 stand Erfurt unter der Herrschaft des Mainzer Kurfürsten, ab 1802 gehörte es zu Preußen. Während des Zweiten Weltkriegs blieb die mittelalterliche Struktur der Altstadt in großen Teilen erhalten.

INFORMATION
Erfurt Tourist Information, Benediktsplatz 1, 99084 Erfurt, Tel. 0361 66 40 0, www.erfurt-tourismus.de

Blick über die Gera-Arme auf Erfurts Krämerbrücke (links und rechts unten). Das Haus Dacheröden am Anger (rechts oben)

Sehenswert

Im Herzen der Altstadt liegt der 3 **Benediktsplatz** mit der Tourist Information und dem Zugang zur **Krämerbrücke** TOPZIEL (1325). Die Stiftung Krämerbrücke informiert in Nr. 31 über das Bauwerk (tgl. 10.00–18.00 Uhr). Am östl. Brückenende steht die **Ägidienkirche** (Urspr. 12. Jh; Turmblick tgl. 11.00–17.00 Uhr). Sie grenzt an den von Bürgerhäusern umgebenen **Wenigemarkt.** Vorbei am Haus Zur Steinecke (Urspr. 12. Jh., Horngasse 4), einem der ältesten Häuser der Stadt, geht es zum Dämmchen, einer Insel zwischen zwei Gera-Armen. Auf der westl. Flussseite liegt die **Mikwe,** ein jüdisches Tauchbad aus dem Mittelalter (Kreuzgasse; Führung April–Okt. Do. 16.00 und Sa. 14.00, sonst Do. 15.00 Uhr).
Das ev. 13 **Augustinerkloster** (13./14. Jh.) gilt als einer der wichtigsten Orte der Reformation. Martin Luther trat hier 1505 als Mönch ein. Bemerkenswert sind die Farbglasfenster (1310 bis 1330) mit der Lutherrose sowie eine Außenkanzel. Eine Ausstellung dokumentiert Luthers Wirken, auch seine Mönchszelle ist zu sehen (Augustinerstraße 10, Tel. 0361 57 66 00, www.augustinerkloster.de, www.luthers-erbe-bewahren.de; Führungen mehrmals tgl.). In der Augustinerstraße befindet sich auch der **Nikolaiturm** mit einem Bilderzyklus über das Leben der hl. Elisabeth (14. Jh.; www.augustin erkloster.de; Führung April–Okt. Mo. und Mi. 15.30 Uhr).

Das Collegium Maius (Michaelisstraße) bildete das Hauptgebäude der 12 **Alten Universität**. Im Zweiten Weltkrieg zerstört, wurde es ab 1999 komplett rekonstruiert. Als Universitätskirche diente die nebenan gelegene **Michaeliskirche** (Urspr. 1183) mit der ältesten Glocke Erfurts. Die **Alte Synagoge** (11. Jh.) ein paar Häuser weiter gilt als ältestes komplett erhaltenes jüdisches Gotteshaus in Mitteleuropa. Ihre Ausstellung umfasst den **Erfurter Schatz** TOPZIEL und hebräische Handschriften (Waagegasse 8, www.alte-synagoge.erfurt.de; Di.–So. 10.00–18.00, Führung Sa. 11.15 Uhr). In den umliegenden Straßen findet man noch historische Wohn- und Handelshäuser.
Der 12 **Fischmarkt** wird dominiert vom neugotischen Erfurter **Rathaus** (1875); innen Wandgemälde über Luthers Leben und Stadtgeschichte (Fischmarkt 1; Mo., Di. und Do. 8.00 bis 18.00, Mi. 8.00–16.00, Fr. 8.00–14.00, Sa., So. und Fei. 10.00–17.00 Uhr). Um den Platz

Tipp

Ermäßigungen

Die ErfurtCard gilt 48 Std. und bietet freie Fahrt mit Stadtbahn und Bus, Eintritt in die städtischen Museen und Ausstellungen, Teilnahme an einer Stadtführung und viele weitere Ermäßigungen.

INFORMATION
Die ErfurtCard (17,90 € mit freier Fahrt im ÖPNV, 12,90 € ohne ÖPNV) ist bei der Tourist-Information auch online erhältlich

gruppieren sich **Bürgerhäuser** mit prachtvollen Fassaden: das Haus Zum Roten Ochsen, das Haus Zum Breiten Herd (1584) oder das Gildehaus (1893). Als Standesamt dient das Haus Zum Sonneborn (1536; Große Arche 6). In der gotischen **Predigerkirche** etwas südl. (13. und 15. Jh.) wirkte einst der Mystiker Meister Eckhart (1260–1328); Höhepunkte sind mittelalterliche Bleiverglasung und Chorgestühl (Predigerstraße 4, www.predigerkirche.de; April–Okt. Di.–Sa. 11.00–16.00, So. 12.00–16.00 Uhr). Weithin sichtbar ragt der überwiegend gotische Erfurter 9 **Mariendom** (12.–17. Jh.) mit seinen drei Türmen auf, Nachfolgebau der ersten, von Bonifatius 742 veranlassten Bischofskirche. Eine Freitreppe mit 70 Stufen führt zum Eingang durch einen dreieckigen Portalvorbau. Im mittleren Turm hängt mit der Gloriosa die größte frei schwingende mittelalterliche Glocke der Welt (1497). Sehenswert sind das Chorgestühl aus Eichenholz (14. Jh.), der Wolfram-Leuchter (12. Jh.), ein Baptisterium, Glasfenster aus dem Mittelalter sowie eine romanische Marienfigur (1160). Neben dem Dom steht die fünfschiffige gotische Hallenkirche **St. Severi** (ab 1280), u. a. mit dem Severisarkophag (1365) und einem 15 m hohen Taufstein (Domstufen 1, www.dom-erfurt.de; Mai–Okt. Mo.–Sa. 9.30–18.00 und So. 13.00–18.00, sonst Mo.–Sa. 9.30–17.00 und So. 13.00–17.00, Führung tgl. 14.00 Uhr; Führungen

Auf der Gera (links) und Erfurter Weihnachtsmarkt (rechts unten). „Goldhelm"-Chocolatier Kühn auf der Krämerbrücke (rechts oben)

zur Gloriosa April–Okt. stdl. Do. 9.00–13.00, Fr. und So. 13.00–16.00, Sa. 11.00–16.00 Uhr, keine Führungen erster Sa. und So. im Monat). An der Nordseite des Domplatzes steht das **Gerichtsgebäude** (1904), die Südseite bildet eine historische Häuserzeile.

Westl. des Domplatzes erstreckt sich der 10 **Petersberg** mit der gleichnamigen Zitadelle (ab 1664). Zuvor befand sich hier ein Benediktinerkloster, von dem noch die ehem. **Peterskirche** (1147) erhalten blieb. Neben einem militärhistorischen Museum sind die Kasematten sehenswert (Führungen über Tourist-Information).

Südl. der Gera befindet sich die 6 **Thüringer Staatskanzlei** im Gebäude der einstigen Kurmainzer Statthalterei (1711–1720; Regierungsstraße, nicht zu besichtigen). Der 4 **Anger** bildet in diesem Stadtteil die Lebensader. Bürgerhäuser aus dem 19. und beginnenden 20. Jh. säumen diese Einkaufsmeile. Bemerkenswert sind der **Bartholomäusturm** (1412; Anger 52; Glockenspiel tgl. 10.00, 12.00 und 18.00 Uhr) und das **Haus Dacheröden** von 1557, in dem u. a. Goethe und Schiller zu Gast waren – heute Kulturforum (Anger 37/38; wechselnde Zeiten). Im Westen der Stadt erstreckt sich der 7 **egapark Erfurt** mit Rosengarten, Japanischem Garten, Staudenschauen und Tropenhäusern (Gothaer Straße 38, www.egapark-erfurt.de; Mitte März–Okt. tgl. 9.00–18.00, sonst 10.00 bis 16.00 Uhr). Rund 3000 Tiere leben im 14 **Zoopark Erfurt** (nördl. außerh. des Cityplans, Am Zoopark 1, www.zoopark-erfurt.de; März bis Okt. tgl. 9.00–18.00, sonst tgl. 9.00–16.00 Uhr).

Museen

Das 2 **Stadtmuseum** im Haus Zum Stockfisch dokumentiert Erfurter Geschichte (Johannesstraße 169, Tel. 0361 6 55 56 51, www.stadtmuseum-erfurt.de; Di.–So. 10.00–18.00 Uhr). Der kurmainzische Pack- und Waagehof (1705 bis 1711) beherbergt als 4 **Angermuseum** eine Mittelaltersammlung, Gemäldegalerie (17 Jh. bis Gegenwart), Kunsthandwerk sowie den Heckel-Raum mit Wandmalereien des deutschen Expressionismus (Anger 18, Tel. 0361 655 16 51, www.angermuseum.de; Di.–So. 10.00–18.00 Uhr). Die 12 **Kunsthalle Erfurt** zeigt Wechselausstellungen (Fischmarkt 7, Tel. 0361 655 56 60; Di.–So. 11.00–18.00, Do. 11.00 bis 22.00 Uhr). Sakralkunst des Mittelalters ist das Thema in der 5 **Barfüßerkirche** (Barfüßerstraße 20, Tel. 0361 655 16 51; zzt. Sanierung); der frühgotische Bau geht auf das 13. Jh. zurück.

In einem Waidspeicher hat das 11 **Naturkundemuseum** seinen Sitz (Große Arche 14, Tel. 0361 6 55 56 80, www.naturkundemuseum-erfurt.de; Di.–So. 10.00–18.00 Uhr) und widmet sich überwiegend thüringischer Wald und Flur. Modern wird das Thema Gärten im 7 **Deutschen Gartenbaumuseum** im egapark in Szene gesetzt (Cyriaksburg, Gothaer Straße 50, Tel. 0361 22 39 90, www.gartenbaumuseum.de; Juli–Sept. tgl. 10.00–18.00, März–Juni und Okt. Di.–So. 10.00–18.00 Uhr). Das 1 **Museum für Thüringer Volkskunde** zeigt ländliche Alltagsgegenstände (Juri-Gagarin-Ring 140a, Tel. 0361 655 56 07, www.volkskundemuseum-erfurt.de; Di.–So. 10.00–18.00 Uhr). Die 9 Gedenk- und Bildungsstätte Andreasstraße erinnert an die einstige **Untersuchungshaftanstalt der Stasi** (Andreasstraße 37a, Tel. 0361 219 21 20, www.stiftung-ettersberg.de; Di. und Do. 12.00 bis 20.00, Fr.–So. 10.00–18.00 Uhr).

Erleben

EINKAUFEN

Der **Anger** ist Erfurts wichtigste Einkaufsstraße. Auf dem **Domplatz** findet Mo.–Sa. ein Markt statt. Kunst, Kunsthandwerk und Delikatessen gibt es auf der **Krämerbrücke**. Eine Blaudruckwerkstatt führt im Dürerhaus in dieses Handwerk ein (Schösserstraße 36, Tel. 0361 642 13 93).

MUSIK UND THEATER

Das 8 **Theater Erfurt** führt Opern, Operetten, Konzerte und Theaterstücke auf (Theaterplatz 1, Tel. 0361 223 31 55, www.theater-erfurt.de). 1 **Die Schotte** ist ein Kinder- und Jugendamateurtheater (Schottenstraße 7, Tel. 0361 643 17 22, www.theater-die-schotte.de), und

Tipp

Filmreif durch Erfurt

„Da ist das Sandmännchen", piepst eine Stimme begeistert. Ehrfürchtig blickt der Zwerg zu der überdimensionalen Figur aus dem Kinderkanal KIKA auf. Seit rund 15 Jahren hat der Sender seinen Sitz in der Landeshauptstadt. Seine beliebtesten Protagonisten schmücken die Plätze der Innenstadt: Bernd das Brot, Maus und Elefant, Tigerente und Käpt'n Blaubär. Die Erfurter Tourist-Information bietet Führungen zu den Figuren. Deren Liebhaber können auch den Sender selbst besuchen: Die Kinder sitzen dann im Publikum einer Show, basteln Handpuppen oder produzieren einen eigenen Film.

INFORMATIONEN unter www.kika.de

das 9 **Theater Waidspeicher** zeigt Puppentheater (Domplatz 18, Tel. 0361 598 29 24, www.waidspeicher.de). Hier hat auch das Kabarett **Die Arche** (Tel. 0361 598 29 24, www.kabarett-diearche.de) seinen Sitz.
Erfurts spektakulärste Bühne erwacht jeden Sommer für drei Wochen zum Leben: die 9 **DomStufen-Festspiele**. Die 70 Stufen vor Severikirche und Dom dienen als Spielort für Opern- und Musical-Aufführungen des Theaters Erfurt. 2019 steht „Der Name der Rose" auf dem Programm (Information und Buchung unter www.domstufen.de).

VERANSTALTUNGEN

Im April findet in der Altstadt ein **Töpfermarkt** statt, gefolgt von den **Thüringer Bachwochen**. Von Mai bis Juli kann man im Dom eine Orgelkonzertreihe besuchen (Sa.), die von Mai bis Sept. in der Predigerkirche fortgesetzt wird (Mi.). Ein Höhepunkt ist das **Krämerbrückenfest** mit historischem Mittelaltermarkt am dritten Juni-Wochenende. Im September findet das **Puppentheaterfestival Synergura** statt. Der **Weihnachtsmarkt** in der Altstadt gilt als einer der schönsten Thüringens.

Hotels & Restaurants

HOTELS

Das € € € / € € **Dorint Hotel am Dom** bietet komfortable Zimmer (Theaterplatz 2, 99084 Erfurt, Tel. 0361 64 45 0, www.pullmanhotels.com). Das € € / € **Erfurt-Altstadt** ist ein bequemes Stadthotel nahe am Anger (Meienbergstraße 26, Tel. 0361 5949 0, http://hotel-erfurt.dorint.com). Das € € / € **Hotel Krämerbrücke** liegt hinter historischen Mauern zentral an der Krämerbrücke (Gotthardstraße 27, 99084 Erfurt, Tel. 0361 67 40 0, www.ibbhotelerfurt.com).

RESTAURANTS

Das Restaurant € € € / € € **Zum Güldenen Rade** sitzt in einer einstigen Tabakmanufaktur; auf der Karte steht innovative Thüringer Küche (Marktstraße 50, Erfurt, Tel. 0361 561 35 06, www.zum-gueldenen-rade.de; Biergarten). Der € € € / € € **Zum Goldenen Schwan** bietet klassische Thüringer Küche hinter mittelalterlichen Mauern (Michaelisstraße 19, Erfurt, Tel. 0361 262 37 42, www.zum-goldenen-schwan.de). Von der Organisation Slow Food empfohlen wird das € € € / € € **Restaurant Kromers** (Kleine Arche 4, Erfurt, Tel. 0361 64 47 72 11, www.kromers-restaurant.de; Mo. geschl.).

Umgebung

In **Molsdorf** (15 km südl.) liegt das gleichnamige Schloss mit Park (16. und 18. Jh.), auch „Thüringer Versailles" genannt (Schlossplatz 6, Erfurt-Molsdorf, www.thueringerschloesser.de; Di.–So. 10.00–18.00 Uhr). Die **Avenida-Therme Hohenfelden** (20 km südöstl.) bietet eine Saunenwelt mit Innen- und Außenbecken (Am Stausee 1, Hohenfelden, Tel. 036450 44 90, www.avenida-therme.de; tgl. 10.00–23.00 Uhr).

Genießen Erleben Erfahren

DuMont Aktiv

Kanutour durch grüne Tunnel

Beim Spaziergang durch Erfurt bieten sich immer wieder idyllische Blicke auf die Gera mit ihren Seitenarmen. Dass der 85 Kilometer lange Fluss auch seine wilden Seiten hat, erlebt man bei einer geführten Paddeltour mit herausfordernden Brückenunterquerungen.

„Mindestens einer von Euch wird heute sehr nass werden!", sagt der Paddel-Guide und blickt in die Runde. Ein Dutzend Männer und Frauen in Shorts und Sandalen müssen lachen: „Wir werden ja sehen!" Auf dem Programm steht eine Kanutour durch die Erfurter Innenstadt – mit Hindernissen: Es gilt mehrere Brücken zu unterqueren, teilweise knapp über dem Wasserspiegel. Der Guide macht vor, wie es geht: den Oberkörper weit ins Kanu zurücklehnen, das Stichpaddel quer über die Beine.

Am Dreibrunnenpark im Erfurter Osten wird eingesetzt, es beginnt eine rasante Fahrt durch grüne Tunnel. „Wann beginnt denn die Stadt", will einer wissen, doch die Gruppe ist schon mittendrin. Hin und wieder blitzt ein verwunschener Garten zwischen den Bäumen hindurch. Am Rosswehr wird es brenzlig: Flach aufs Kanu gepresst, flutscht man unter der Mauer hindurch. Kanu für Kanu schiebt sich durch das Nadelöhr. Einmal platscht es dann doch: Ein Kanu fährt auf einen Stein auf und kentert. Kein Problem, ist das Wasser doch nie mehr als hüfttief. Am Ende der Tour sind alle gut gelaunt – und einige sehr nass.

Informationen:

Die **City-Kanutour** dauert – Einweisung eingeschlossen – 3–4 Std. Schwimmweste und Helm werden gestellt. Wechselkleidung, Handtuch und festes Schuhwerk sind dagegen mitzubringen (EOS Erlebnis, Ingerslebener Weg 4, 99094 Erfurt, Tel. 0175 478 88 54, www.eos-erlebnis.de). Der Verein **Bewegen e.V.** vermietet im Sommer (So. 14.00–18.00 Uhr) am Luisenpark bzw. Dreibrunnenbad Kanadier und bietet ebenfalls Touren an (Kontakt über www.bewegen-ev.de).

Zwischen Kyffhäuser und Hainich

Die Weite des Thüringer Beckens prägt den Norden des Bundeslandes. Wie eine Insel ragt das legendenumwobene Kyffhäuser-Gebirge mit seinen Burgen, Schlössern und Höhlen heraus. Südlich von hier tobte der Bauernkrieg, verewigt in einem monumentalen Gemälde. Die Gartenstadt Bad Langensalza bildet das Tor zu den urwüchsigen Buchenwäldern im Nationalpark Hainich.

Barocke Pracht im Großem Festsaal: Gothaer Schloss Friedenstein

Der Weg von Bad Frankenhausen Richtung Kyffhäuser führt am Schlachtenberg vorbei, der heute vom auch architektonisch eindrucksvollen Panorama Museum gekrönt wird

Blick vom Barbarossaturm der Oberburg auf das Kyffhäuserdenkmal

Die Bäume sind weiß, ihre Stämme von Schnee bestäubt. Winzige Kristalle flirren durch die Luft und prickeln auf der Haut. Der eisige Wind rüttelt an dem Wolkenvorhang, reißt ihn auf. Kurz steht die Kuppel des Kyffhäuser-Denkmals vor dem grauen Himmel, dann geht der Vorhang wieder zu: Winterstimmung in den Resten der mittelalterlichen Reichsburg im Norden Thüringens.

Eiszapfen hängen vom Bart der Sandsteinfigur Kaiser Friedrichs I., genannt Barbarossa. Dieser ertrank im Jahr 1190 auf einem Kreuzzug. Der Legende nach aber schläft er unter den Felsen des kleinsten Mittelgebirges in Deutschland – vielleicht sogar in der viel besuchten Barbarossa-Höhle? Eines Tages soll er wiederkehren, um das Reich zu übernehmen. Alle hundert Jahre schickt er einen Zwerg aus der Unterwelt um nachzusehen, ob die „Unglücksraben" noch kreisen. „Wenn er nun wiederkommt und aussagt, dass sie noch fliegen, wird der alte Kaiser traurig wie zuvor und schlummert wieder fort", schrieb Ludwig Bechstein 1836 im „Thüringer Sagenbuch". Heute stehen die Chancen schlecht: Um die Kuppel kreist ein ganzer Schwarm.

Der Kyffhäuser war Zeuge erbitterter und blutiger Auseinandersetzungen.

Theater der Welt

Die Kyffhäuser-Region war 1525 Schauplatz einer der blutigsten Schlachten des Deutschen Bauernkrieges, in der ein Fürstenheer die Aufmüpfigen besiegte und deren Anführer Thomas Müntzer gefangen nahm – um ihn später hinrichten zu lassen. Der Theologe hatte sich zunächst durch Sozialreformen einen Namen gemacht, zum Beispiel die Einführung eines Asyls für Obdachlose und einer Armenspeisung.

Mühlhausen umgibt noch eine weitgehend erhaltene mittelalterliche Stadtmauer, von der sich dieser gute Blick auf die Dächerlandschaft der „steinernen Chronik" bietet

Entlang der früheren Befestigungen von Bad Langensalza erstrecken sich eine Reihe von Themengärten – hier ein Blick in den Rosengarten bei der Kurpromenade mit seinen fast 450 Rosenarten und -sorten

Das Langensalzaer Friederikenschlösschen, einst als Witwensitz geplant, und sein ursprünglich barocker Park wurden um 1750 angelegt. Das Schlösschen ist heutzutage vor allem bei Hochzeitern beliebt

Später wollte er mit Gewalt Reformen in Kirche und Feudalwesen durchsetzen und schloss sich dem Aufstand der Bauern an. Für Heinrich Heine war er einer der „heldenmütigsten und unglücklichsten Söhne des deutschen Vaterlandes“. Die DDR verklärte ihn zu einem frühen Sozialisten und wollte ihm in Bad Frankenhausen ein Denkmal setzen – in einem eigens dafür errichteten Rundbau.

Der Künstler Werner Tübke, einer der bedeutendsten Maler der DDR, erhielt 1976 den Auftrag für ein Schlachtenpanorama, das aus Anlass des 450. Jahrestages des Bauernkrieges die historische Bedeutung dieser „Revolution“ zeigen sollte. Doch Tübke – auch vorher schon ein Querdenker – hielt sich nicht an die Vorgaben: In mehr als elfjähriger Arbeit schuf er ein gewaltiges „Theatrum Mundi“, ein metaphorisches Weltentheater, dessen Bedeutung bis in unsere Zeit reicht. Tübke schuf weder Heldenepos noch düsteres Schlachtengemälde, sondern ein farbenfrohes Abbild einer spannenden Geschichtsepoche. „Alles wiederholt sich, der Mensch zieht keine Lehren aus der Geschichte“, fasst Silke Krage, stellvertretende Museumsleiterin, die Grundaussage des Werkes zusammen. Trotzdem dauerte es lange, bis das Werk sich vom Ruch eines DDR-Staatsauftrages befreien konnte.

Heute geht zu jeder vollen Stunde die Sonne im Panorama Museum Bad Frankenhausen auf: Die Besucher verstummen, wenn das Licht nach und nach über das 14 mal 123 Meter große Rundumbild fällt. Der Reihe nach schälen sich die rund 3000 überlebensgroßen Einzelfiguren aus dem Dunkel: Harlekine und Priester, Konkubinen und eitle Adlige, feiste Kaufleute und kartenspielende Soldaten. Und in der Mitte: Thomas Müntzer, geschlagen.

Kirchen mit Kultur

Die letzte Wirkungsstätte des Theologen war Mühlhausen, wo Müntzer 1524 und 1525 predigte. Der Wohlstand der Stadt,

Nordhausen ist für seine Kornbrennerei bekannt; das Brennereimuseum ist ein beliebtes Ziel (oben links und Mitte rechts). Blick auf Sondershausens Schloss von der Trinitatiskirche (oben rechts). In Volkenrodas Christus-Pavillon (Mitte links)

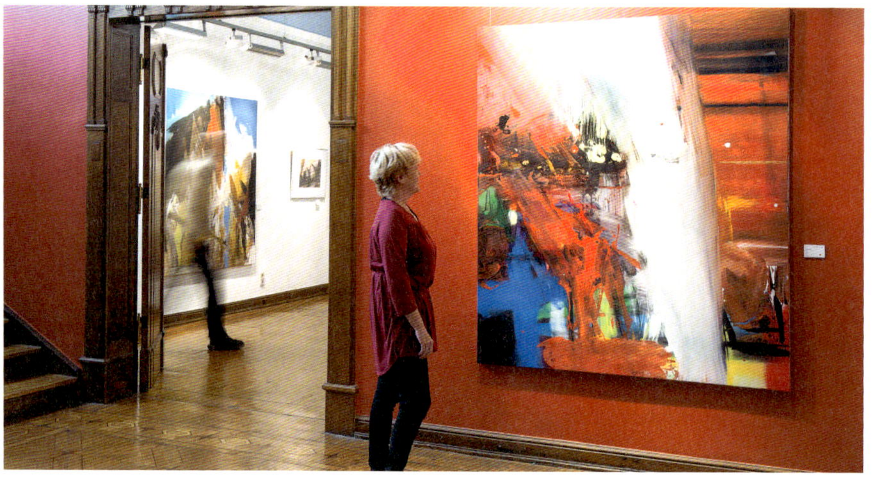

Nordhausens Kunsthaus Meyenburg
zeigt bedeutende Wechselausstellungen

Die Nordhauser Villa Meyenburg wurde 1907 in historistischem Jugendstil errichtet. Bereits 1927 diente sie als Museum und ist heute Kunsthaus

den die mittelalterlichen Händler mit Tuchen, Wolle und Leder erwirtschafteten, zeigt sich auch in der Zahl der Kirchen – elf sind es heute noch. Einige Gotteshäuser wurden mangels Gottesdienstbesuchern säkularisiert und in Kulturstätten verwandelt. Immerhin wurden sie nicht abgerissen.

Der ungewöhnlichste Sakralbau der Region steht auf dem Areal des einstigen Zisterzienserklosters von Volkenroda, das eine ökumenische Gemeinschaft als Gästehaus bewirtschaftet. Die alte Kirche zeigt trotz Restaurierung noch die Spuren langen Verfalls – absichtlich, wie der Torso einer zerschlagenen Christusfigur. „Schließlich haben auch viele unserer Gäste Traumatisches erlebt. Davon bleiben Narben", sagt der Bruder Gästemeister.

Wo sich einst das Langhaus befand, ragt heute ein Würfel aus Stahl, Glas und Beton auf: der Christus-Pavillon. Der futuristische Bau von Stararchitekt Meinhard von Gerkan stand zunächst auf der Weltausstellung 2000 in Hannover, konzipiert war er für Volkenroda. Innen gleißt goldenes Sonnenlicht durch die Wände aus hauchdünnem weißen Marmor, Wolken und Vögel werfen ihre Schatten nach innen. Im Hintergrund erklingt die alte Klosterglocke – ein harmonisches Nebeneinander von 12. und 21. Jahrhundert.

Blühende Stadtlandschaften

Eine Wiedergeburt erfuhr auch Bad Langensalza. Den Resten der einstigen Stadtbefestigung folgend, ziehen sich zehn Parks und Gärten wie ein grünes Band um die Altstadt des 1200 Jahre alten Ortes: vom barocken Schlösschenpark der Herzoginnenwitwe Friederike von Sachsen-Weißenfels über den Kurpark und den Rosengarten, den Magnoliengarten und Botanischen Garten bis zum Arboretum.

Die Landschaft im japanischen „Garten der Glückseligkeit" ist in Wellenform angelegt: Die Rundungen des Teichs, in dem sich Koi-Karpfen tummeln, setzen sich an Land im geharkten Kies fort.

Gotha war im 17. Jahrhundert blühendes Beispiel fürstlich-barocker Repräsentationsbedürfnisse – Schloss Friedenstein (oben) gibt mit seinem Speisesaal (Mitte links), Adam und Eva aus dem frühen 16. Jahrhundert (Mitte rechts) und dem Ekhof-Theater (unten) einen Einblick in diese Zeiten

Gothas Historisches Rathaus am Marktplatz schmückt eine üppige Renaissancefassade

Schloss Friedenstein zu Füßen wurde das Herzogliche Museum errichtet

Kunstsammlungen

Special

Adliger Sammeleifer

Thüringen war einst Schauplatz eines gewaltigen „Wettrüstens". Die Fürsten und Herzöge der Kleinstaaten häuften keine Waffenarsenale an, sondern versuchten sich mit Kultur und Kunstsinnigkeit, mit Museen und Sammlungen zu übertreffen.

Insbesondere Gotha stach dabei seit der Epoche von Herzog Ernst I. dem Frommen hervor, Landesherr von 1640 bis 1674. Gesammelt wurde alles, was von Interesse sein konnte: Gemälde und Münzen, Muscheln, Korkmodelle und japanische Lacke, Reiseandenken, Elfenbein und Schmuck. Über Jahrhunderte lagen die Exponate ungeordnet in Schränken, Schubladen und Vitrinen zur Ansicht aus – mangels künstlichen Lichts öffnete man die Ausstellung nur, solange das Tageslicht ausreichte. Jüngst wurden die Sammlungen neu bewertet und geordnet. Nur ausgewählte, ganz besondere Exponate sind im prachtvoll restaurierten Herzoglichen Museum ausgestellt: Skulpturen des Bildhauers Houdon, ägyptische Mumien, griechische Vasen, sakrale Kunst wie der Gothaer Flügelaltar und die bedeutendsten Werke aus der Gemäldesammlung, darunter 15 Bilder von Lucas Cranach d.Ä. Die Verwandlung dieses „barocken Universums" geht weiter, die Sammlungen im Schloss werden neu inszeniert und der herzogliche Park rekonstruiert.

In der Kunstkammer auf Gothas Schloss

Inzwischen haben sogar viele Einwohner japanische Elemente in ihre Gärten integriert.

Ohne das Engagement der Bürger wäre Bad Langensalza nicht so grün geworden, sagt Gästeführerin Mary Fischer: „Das Arboretum mit 130 Baumarten wurde komplett aus Spenden finanziert." Danach floss das Geld für Baumpatenschaften einfach weiter. Vor vielen Häusern stehen Rosenbüsche, ein „Win-win-Geschäft": Die Stadt stellt Rosenstöcke und Gitter, die Hausbewohner kümmern sich um die Pflege.

Diese Entwicklung war nach der Wende keineswegs abzusehen: Viele Firmen mussten schließen, Industrieflächen lagen brach. Mangels Kapital lud die Stadt Studenten ein, Konzepte für Gärten einzureichen. Mit Erfolg: Aus dem einstigen Bauhof wurde ein Magnoliengarten, aus dem Gaswerk der Rosengarten. Diesen findet man sogar mit geschlossenen Augen, denn Tausende von Rosen verbreiten einen unvergleichlichen Duft: Dabei sind auch Rosen aus Langensalzaer Produktion, eine Tradition seit 1870. In der DDR veredelte die Gärtnerische Produktionsgenossenschaft „Roter Oktober" über eine Million Rosen. Rund 90 Arten wurden hier gezüchtet. Nach der Wende waren die Gärtner arbeitslos. Sie gründeten einen Verein

Das Heilbad Heiligenstadt ist die „Hauptstadt" des Eichsfelds –
hier die Stiftskirche St. Martin am Friedensplatz

Die Beute im Blick –
im Wildkatzendorf Hütscheroda

Zu den eindrucksvollen Burgen des Eichsfelds und des Werratals gehört die Ruine Hanstein bei Witzenhausen, die auf das 11. Jahrhundert zurückgeht

„Dem Wald aufs Dach steigen":
Baumkronenpfad im Nationalpark Hainich

und schließlich den Rosengarten. Dank der Blütenpracht gab es 2011 eine Goldmedaille beim europäischen Gartenbauwettbewerb „Entente florale". „Jetzt sind wir auf dem Weg zur blühendsten Stadt des Universums", sagt Mary Fischer.

Im Revier der Wildkatze

Bad Langensalza bildet zudem das Tor zum Nationalpark Hainich mit dem größten zusammenhängenden Laubwaldgebiet in Deutschland – seit 2011 zählt der Buchenbestand sogar zum Weltnaturerbe der UNESCO. Zu Zeiten des Eisernen Vorhangs war der Höhenzug militärisches Sperrgebiet, in dem sich eine Landschaft mit einer besonderen Flora und Fauna erhielt.

Die europäischen Wildkatzen haben sich bis heute als unzähmbar erwiesen.

Inzwischen sind auch die Wildkatzen wieder zurück. Bis ins 20. Jahrhundert waren sie noch weit verbreitet in ganz Deutschland, doch dann wurden sie durch Zersiedelung zurückgedrängt. Seit mehreren Jahren versucht der Bund für Umwelt und Naturschutz in einem ambitionierten Vorhaben, die verbliebenen Reviere durch „grüne Korridore" zu vernetzen. Im Hainich hatte die Methode Erfolg: Mehr als 30 Wildkatzen wurden wieder gezählt. Die Tiere sind äußerst scheu: „Ich bin schon zehn Jahre hier, habe aber erst zwei Exemplare gesehen", sagt ein Ranger. Besucher berichten ihm oft von „zahmen Wildkatzen", die sich streicheln ließen. Ein Irrtum, Wildkatzen lassen sich nicht zähmen. Äußerlich unterscheiden sie sich kaum von getigerten Hauskatzen, ein Merkmal ist ihr buschiger, schwarz geringelter Schwanz. Wer ein Exemplar von Felis silvestris erleben möchte, hat dazu im Wildkatzendorf Hütscheroda Gelegenheit.

DEUTSCH-DEUTSCHE GESCHICHTE

Am Eisernen Vorhang

Vier Museen dokumentieren in Thüringen die einstige innerdeutsche Grenze. Sie haben sich zu engagierten Zentren der Aufarbeitung, Diskussion und Forschung entwickelt. Eine wichtige Rolle spielen dabei die Berichte von Zeitzeugen.

Ein Leuchtturm der Erinnerung: Grenzlandmuseum Eichsfeld

Am 21. Januar 1990 versammelten sich am Grenzübergang Worbis-Duderstadt an die 50000 Menschen. Sie hatten Koffer in der Hand, Rucksäcke aufgeschnallt, Handkarren im Schlepptau. Die Mauer war schon vor mehr als zwei Monaten gefallen, als die „Kofferdemo" für Aufsehen sorgte: eine symbolische Drohung mit Ausreise, falls die SED-Regierung nicht endlich Reformen einleitete. Fünf Jahre später wurde hier im einstigen Verwaltungsgebäude das Grenzlandmuseum Eichsfeld eröffnet – als eines von insgesamt vier Grenzmuseen in Thüringen.

Die Dauerausstellung dokumentiert alle Aspekte der Grenze – vom Leben im Sperrgebiet über die Rolle der Stasi bis zu Massenfluchten. Ziel ist nicht nur Aufarbeitung, sondern auch Aufklärung. „Beim Thema Grenze denken viele Menschen an die Berliner Mauer. Dabei wurde bereits 1952 die 1400 Kilometer lange innerdeutsche Grenze abgeriegelt. Über den Hintergrund und die Auswirkungen für die Menschen wollen wir gerade jugendliche Besucher informieren", sagt Geschäftsführerin Mira Keune, die das Grenzlandmuseum Eichsfeld als einen Lernort für die Demokratie versteht. Die Gedenkstätte engagiert sich daher intensiv in der Jugendarbeit, sie bietet Workshops und Zeitzeugengespräche an und arbeitet an einer Museums-App. Wie groß das Bedürfnis nach Information und Erinnerung ist, zeigt eine Pinnwand im Museum, an der Besucher ihre persönliche Geschichte hinterlassen können.

Lebensgeschichten fast live

Auch das „Haus auf der Grenze" der Gedenkstätte Point Alpha, das am Nordrand der Rhön bei Geisa direkt auf den einstigen Kolonnenweg der DDR-Grenztruppen gebaut wurde, arbeitet intensiv mit Zeitzeugen. Jeder, der seine persönliche Geschichte erzählen möchte, kann hier an einem „Story Point" spontan ein Video aufzeichnen, Dokumente und Bilder scannen. Überall in der Ausstellung stehen Stationen, an denen sich Besucher diese Lebensgeschichten anhören können – Auge in Auge mit einem Foto des jeweiligen Erzählers.

Point Alpha an der
früheren innerdeutschen
Grenze

So waren die Sperranlagen an der innerdeutschen Grenze aufgebaut: Blick auf das Grenzlandmuseum Eichsfeld (oben). Beobachtungsturm der Amerikaner auf DDR-Grenzanlagen im Museum Point Alpha (unten)

Adressen

Grenzlandmuseum Eichsfeld, Duderstädter Straße 5, Teistungen, Tel. 03607 19 71 12, www.grenzlandmuseum.de; Di.–So. 10.00–17.00 Uhr
Grenzmuseum Schifflersgrund, Platz der Wiedervereinigung, Asbach-Sickenberg, Tel. 036087 984 09, www.grenzmuseum.de; tgl. 10.00–17.00 Uhr
Deutsch-deutsches Museum Mödlareuth, Mödlareuth, Tel. 09295 13 34, www.moedlareuth.de; März–Okt. Di.–So. 9.00–18.00, sonst Di.–So. 9.00–17.00 Uhr
Gedenkstätte Point Alpha, Geisa und Rasdorf, Tel. 06651 91 90 30, www.pointalpha.com; April–Okt. tgl. 9.00–18.00, Nov. und März tgl. 10.00–17.00, sonst Di.–So. 10.00–16.30 Uhr

Als Prävention gegen die nicht abreißenden Versuche der „Republikflucht" führte die DDR 1952 und 1961 mehrere Umsiedlungsaktionen durch, bei denen politisch als unzuverlässig eingeschätzte Grenzanwohner zwangsweise aus dem Sperrgebiet deportiert wurden – brutal, willkürlich und unerbittlich. Die Schilderungen von Betroffenen, die damals noch Kinder waren, gehören zu den berührendsten Zeitzeugenberichten im „Haus auf der Grenze".

Kampf gegen die Langeweile

Geht man den Kolonnenweg von hier wenige Meter weiter, gelangt man zu Point Alpha an der hessischen Grenze, zu Zeiten des Eisernen Vorhangs ein Beobachtungsstützpunkt der US-Armee. Nach dem Zweiten Weltkrieg ging es hier zunächst darum, Schmuggel und Schwarzhandel einzudämmen und Nazis zu jagen. Doch mit der zunehmenden Konfrontation der politischen Systeme trat ein anderes Ziel in den Vordergrund: der Schutz Westeuropas vor einem möglichen Angriff aus dem Osten. Geisa war damals die westlichste Stadt des Warschauer Paktes und das hier befindliche sogenannte „Fulda Gap" damit ein ideales Einfallstor in den Westen – innerhalb von nur zwei Tagen hätten Truppen von hier aus bis an den Rhein vorstoßen können.

Im „Haus auf der Grenze" hängt eine sowjetische Karte, in die potenzielle Einmarschrouten eingetragen sind. „Vermutlich hätten beide Seiten dann Atomwaffen eingesetzt", sagt der Museumsführer. Die befürchtete Konfrontation blieb glücklicherweise aus, die US-Soldaten hatten eher mit der Langeweile ihres Waldcamps zu kämpfen.

Beobachtungsturm der Amerikaner im Museum Point Alpha und ehemaliges amerikanisches Mannschaftsquartier im Museum: Am besten lässt man sich die Situation von Zeitzeugen erläutern (oben und unten)

Biosphärenreservat
Karstlandschaft Südharz
NORDHAUSEN
SANGERHAUSEN
Duderstadt
Heilbad Heiligenstadt
Leinefelde
Worbis
Eichsfeld
Naturpark
Dingelstadt
MÜHLHAUSEN/ Thüringen
Sondershausen
Bad Frankenhausen/ Kyffhäuser
Kyffhäuser
Artern
Heldrungen
SÖMMERDA
Kölleda
Bad Langensalza
Bad Tennstedt
Nationalpark Hainich
Treffurt
Eschwege
Wanfried
Creuzburg
Werratal
EISENACH
GOTHA
ERFURT
Deutsche Märchenstraße
Deutsche Alleenstraße
Bier- und Burgenstraße
Straße der Romanik
Thüringer Becken
Maßstab 1:340.000
10km

Unterwegs im Thüringer Becken

Die Ausläufer des Harzes, der schroffe Kyffhäuser und der waldige Höhenzug des Hainichs unterbrechen die sanften Landschaften im Thüringer Becken, wo einst der Bauernkrieg tobte. Heute laden mittelalterlich anmutende Städte wie Mühlhausen und Bad Langensalza zum Bummeln ein – nicht zu vergessen die frühere Residenz Gotha.

1 Gotha

775 erwähnt, entwickelte sich die Stadt dank ihrer Lage an der Via regia zu einem bedeutenden Marktort. Hauptanziehungspunkte in der einstigen Residenzstadt ist Schloss Friedenstein mit seinem Museum.

SEHENSWERT

Schloss Friedenstein gilt als größte frühbarocke Schlossanlage Mitteldeutschlands (1643–1655). Unter dem Schloss erstrecken sich weitläufige Kasematten (Führung April bis Okt. tgl. 13.00 und 17.00, sonst tgl. 13.00 Uhr). Rund 21 ha umfasst der **Schlosspark** mit englischem Garten und Orangerie; angrenzend Schloss Friedrichsthal (1711; nicht zu bes.). Der Weg zum Hauptmarkt führt an der **Wasserkunst** (1895) vorbei, daneben steht das barocke **Cranachhaus** (Hauptmarkt 17). Eine Renaissance-Fassade schmückt das **Rathaus** (1567; Turmbesteigung April–Nov. tgl. 11.00–18.00 Uhr).

MUSEEN

Das Barocke Universum Gotha umfasst die neu strukturierten Sammlungen der Museen: Das **Schlossmuseum** zeigt historische Räume sowie Exponate der Kunstkammer (alle Museen: Tel. 03621 823 40, www.stiftungfriedenstein.de; April–Okt. Di.–So. 10.00–17.00, sonst Di.–So. 10.00–16.00 Uhr, Teilschließung wegen Sanierung ab Ende 2018). Im Westturm zeigt das **Historische Museum** Exponate von der Urgeschichte bis heute. Das **Museum der Natur** präsentiert eine Fülle von Tierpräparaten. Das **Ekhof-Theater** gilt als ältestes Barocktheater der Welt mit noch intakter Bühnentechnik. Im benachbarten **Herzoglichen Museum** (1879) sind die Kunstsammlungen zu sehen.

HOTEL UND RESTAURANT

Das gemütliche **€ € Hotel am Schlosspark** mit Restaurant liegt in direkter Schlossnähe (Lindenauallee 20, 99867 Gotha, Tel. 03621 44 20, www.hotel-am-schlosspark.de).

VERANSTALTUNGEN

Während des **Ekhof-Festivals** im Juli/Aug. wird das historische Theater bespielt. Das **Barockfest** im Aug. lässt alte Zeiten auferstehen.

Hoch oben auf dem Baumkronenpfad im Nationalpark Hainich (links). Thomas Müntzer an der Stadtmauer von Mühlhausen (rechts)

INFORMATION

Tourist-Information Gotha / Gothaer Land, Hauptmarkt 33, 99867 Gotha, Tel. 03621 51 04 50, www.gotha-adelt.de

2 Bad Langensalza

Zehn Gärten haben die Kur- und Rosenstadt (17 500 Einw.) seit der Wende in ein grünes Paradies verwandelt. Die Parks umschließen die auf das 13. Jh. zurückgehende Altstadt.

SEHENSWERT

In der **Altstadt** stehen Fachwerkbauten, das **Rathaus** (18. Jh.; Glockenspiel) und **St. Bonifacii** (Urspr. 13. Jh.; April–Okt. tgl. 14.00 bis 16.00 Uhr). Das **Stadtmuseum** (Augustinerplatz, Tel. 03603 81 30 02; zzt. geschlossen) hat seinen Sitz im **Augustinerkloster** (1280).

ERLEBEN

Entlang der Stadtbefestigung mit ihren 17 Türmen erstrecken sich die **Themengärten** TOPZIEL: Apothekergarten, Arboretum, Botanischer Garten, Japanischer Garten (März–Okt. tgl. 10.00–19.00 Uhr), Naturgarten des BUND, Rosengarten (Mai–Okt. tgl. 10.00–19.00 Uhr) und Schlösschengarten.

UMGEBUNG

Der **Nationalpark Hainich** TOPZIEL bietet ein umfangreiches Programm mit Ranger-Touren und Aktivitäten. Ein Höhepunkt ist der 530 m lange Baumkronenpfad (www.baumkronen-pfad.de; 15 km westl.); nebenan das Nationalparkzentrum Thiemsburg (Ausstellung, www.nationalpark-hainich.de; beide April–Okt. tgl. 10.00–19.00, Nov., Dez. und März 10.00 bis 16.00 Uhr). Das Wildkatzendorf **Hütscheroda** (20 km westl.) informiert über das Symboltier des Hainich (www.wildkatzendorf.de; April–Okt. tgl. 9.00–18.00, sonst tgl.10.00–16.00 Uhr).

INFORMATION

Touristinformation, Bei der Marktkirche 11, 99947 Bad Langensalza, Tel. 03603 83 44 24, www.badlangensalza.de

3 Mühlhausen

Das von Kaiser Friedrich I. Barbarossa gegründete Mühlhausen (33 200 Einw.) gehört zu den schönsten historischen Ensembles in Thüringen. Charakteristisch sind die erhaltene Wehranlage, die elf Kirchen der Stadt und die Spuren des Reformators Thomas Müntzer.

SEHENSWERT
Die **Stadtmauer** (ab 13. Jh.) mit Wehrgang blieb weitgehend erhalten; vom Rabenturm weiter Blick über die Stadt (Zugang ab Frauentor; Ostern–Okt. Di.–So. 10.00–17.00 Uhr). In der Kirche **St. Marien** (Urspr. 14. Jh.) predigte einst Thomas Müntzer (Di.–So. 10.00–17.00 Uhr, Turmführung April–Okt. Mo. 14.00 Uhr). Das **Rathaus** (um 13. Jh.) aus Gotik, Renaissance und Barock bildet die Klammer zwischen Ober- und Unterstadt (Ratsstraße 19; Führung Mo.–Fr. 11.00 Uhr). In der Kirche **Divi Blasii** (13./14. Jh.) wirkte Johann Sebastian Bach 1707/1708 (Untermarkt, www.bach-muehlhausen.de).

MUSEEN
Die Kornmarktkirche (13. Jh.) beheimatet das **Bauernkriegsmuseum** (Kornmarkt). Und das **Kulturhistorische Museum** zeigt Stadtgeschichte sowie Thüringer Kunst (Kristanplatz 7, Tel. 03601 8 56 60, www.mhl-museen.de; beide Museen Di.–So. 10.00–17.00 Uhr).

VERANSTALTUNGEN
Künstler aus Theater, Kabarett, Comedy und Pantomime treten beim vierwöchigen Kleinkunstfestival (Juli und Aug.) auf. Mühlhausens **Kirmes** (Aug.) gehört zu den größten Volksfesten der Region.

HOTEL UND RESTAURANT
Ein Fachwerkbau ist Sitz des € **Brauhauses zum Löwen** (Felchtaer Straße 2, 99974 Mühlhausen, Tel. 036014710, www.brauhaus-zum-loewen.de).
Die € € € / € € **Antoniusmühle**, einst Senf- und Getreidemühle, serviert heute Thüringer Küche (Am Frauentor 7, Tel. 03601 44 90 00, www.antoniusmuehle.de; Mo. geschl.).

Tipp

Kyffhäuser-Wanderweg

Blühende Streuobstwiesen, Wälder mit knorrigen Buchen, versteckte Burgen: Der 37 km lange Wanderweg führt in drei Etappen durch das Mittelgebirge. Wegen ihres Abwechslungsreichtums und des guten Leitsystems erhielt die Route das Prädikat „Qualitätsweg Wanderbares Deutschland".

WEITERE INFORMATIONEN UNTER
www.naturpark-kyffhaeuser.de

In der Barbarossa-Höhle (links). Kaiser Barbarossa am Kyffhäuser (rechts)

UMGEBUNG
Im **Kloster Volkenroda** (Urspr. 1131; 16 km östl.) steht die historische Klosterkirche neben dem modernen Christus-Pavillon (www.kloster-volkenroda.de; Mai–Okt. tgl. 10.00–17.00 Uhr).

INFORMATION
Tourist-Information, Ratsstraße 20, 99974 Mühlhausen, Tel. 03601 40 47 70, www.muehlhausen.de

4 Heilbad Heiligenstadt

Der Hauptort des Eichsfelds (16900 Einw.), das seine katholische Orientierung der langen Zugehörigkeit zum Fürstbistum Mainz verdankt, ist Ausgangspunkt zum Naturpark Eichsfeld-Hainich-Werratal. Um 1460 wurde hier der Bildschnitzer Tilman Riemenschneider geboren. Solequellen machen die Stadt zum Heilbad.

SEHENSWERT
Die **Stiftskirche St. Martin** (14./15. Jh.) blieb nahezu unverändert erhalten. In der Pfarrkirche **St. Marien** (14. Jh.) ist eine Marienstatue von 1414 zu sehen (8.00 Uhr bis Abend). Das Mainzer Haus (15. Jh.) beherbergt das **Literaturmuseum Theodor Storm** (Am Berge 2, Tel. 03606 61 37 94, www.stormmuseum.de; Di.–Fr. 10.00 bis 17.00, Sa. und So. 14.30–16.30 Uhr); der Literat war 1856–1864 hier Amtsrichter.

HOTEL
Ein Bauerngarten umgibt den gemütlichen € **Hof Sickenberg** mit nur vier Zimmern (Sickenberg 9, 37318 Asbach-Sickenberg, Tel. 036087 976 96, www.hof-sickenberg.de).

INFORMATION
Tourist-Information, Marktplatz 15, 37308 Heilbad Heiligenstadt, Tel. 03606 67 71 41, www.heilbad-heiligenstadt.de

5 Nordhausen

Die einstige Reichsstadt (1220; 42 100 Einw.) bildet das Thüringer Tor zum Harz – hier haben die Touren mit der Schmalspurbahn ihren Ausgangspunkt. 1945 schwer bombardiert, wurden die Reste der Altstadt restauriert, auch Teile der Stadtmauer (12. Jh.) blieben bestehen.

SEHENSWERT
Arkaden und ein Glockenturm schmücken das **Rathaus** (1610) am Markt. Davor steht seit 1414 ein Roland (Original von 1717 im Neuen Rathaus). Der **Dom zum Heiligen Kreuz** geht auf ein Damenstift aus dem 10. Jh. zurück. Die **Blasii-Kirche** (Urspr. 13. Jh.) wurde saniert (Sa. und So. 10.00–12.00 und 14.30–16.30 Uhr). Die Landesgartenschau 2004 brachte die **Terrassengärten** mit dem 62 m hohen Petriturm (1372; Sommer Mo.–Fr. 11.00–17.00 Uhr).

MUSEEN
Das **Museum Tabakspeicher** dokumentiert Handwerks- und Industriegeschichte (Bäckerstraße 20, Tel. 03631 98 27 37, www.nordhausen.de; Di.–So. 10.00–17.00 Uhr). Aus dem 14. Jh. stammt das Gebäude des stadtgeschichtlichen **Museums Flohburg** (Barfüßerstraße 6, Tel. 03631 472 56 80, www.nordhausen.de; Di.–So. 10.00–17.00 Uhr). In der Jugendstilvilla des **Kunsthauses Meyenburg** (Alexander-Puschkin-Str. 31, Di.-So.10.00–17.00 Uhr) sind wechselnde Ausstellungen zu sehen.

ERLEBEN
Die **Nordhäuser Traditionsbrennerei** zeigt gern ihre Geschichte (Grimmelallee 11, www.traditionsbrennerei.de; Mo.–Sa. 10.00–16.00, Führung 14.00, Sa. 10.00–16.00, Führung 14.00 Uhr).

UMGEBUNG
Die **KZ-Gedenkstätte Mittelbau-Dora** (6 km nördl.) erinnert an das einstige Lager und die Opfer des Nationalsozialismus (Kohnsteinweg 20, Tel. 03631 49 58 20, www.dora.de; März–Sept. Di.–So. 10.00–18.00 Uhr, sonst kürzer).

INFORMATION
Nordhausen Stadtinformation, Markt 1, 99734 Nordhausen, Tel. 03631 69 67 97, www.nordhausen.de

6 Bad Frankenhausen

Die 8900-Einw.-Stadt wurde im 16. Jh. durch Salzquellen wohlhabend (Kurbetrieb seit dem 19. Jh.). 1525 endete hier der Thüringer Bauernaufstand – Thema des monumentalen Gemäldes im Panorama Museum. Rund um die Stadt erstreckt sich die Kyffhäuser-Region.

SEHENSWERT

Wahrzeichen ist der schiefe Turm der **Kirche Unserer Lieben Frau** (14. Jh.) mit einem Überhang von über 4 m (April–Okt. Di.–Fr. 12.00 bis 18.00, Sa. und So. 10.00–18.00 Uhr). Seit 998 gibt es den **Hausmannsturm** (nicht zu bes.).

MUSEEN

Das **Panorama Museum** zeigt ein gigantisches Epochengemälde (Am Schlachtberg 9, Tel. 034671 61 90, www.panorama-museum.de; April–Okt. Di.–So. 10.00–18.00, Juli und Aug. auch Mo. 13.00–18.00, sonst Di.–So. 10.00 bis 17.00 Uhr). Im einstigen Renaissanceschloss der Fürsten zu Schwarzburg-Rudolstadt (16. Jh.) sitzt das **Heimatmuseum** (Schlossstraße, Tel. 034671 620 86, www.regionalmuseum-bfh.de; Mi.–So. 10.00–17.00 Uhr). Das rekonstruierte **Schau-Siedehaus** erinnert an die Zeiten der Salzgewinnung (Anger 14, Tel. 034671 717 17; April–Okt. Sa. 13.00–18.00, So. 10.00–17.00 Uhr).

UMGEBUNG

Der **Kyffhäuser** ist das kleinste Mittelgebirge Deutschlands. Auf dem 457 m hohen Burgberg erhebt sich die Ruine der Reichsburg Kyffhausen (12 km nördl.) mit dem Kyffhäuser-Denkmal (1896), bestehend aus Barbarossafigur und Reiterstandbild Wilhelms I. (www.kyffhaeuser-denkmal.de; April–Okt. Mo.–Do. 9.30–18.00, Fr.–So. 9.30–19.00 Uhr). Die Legende um Kaiser Friedrich I. lockt in die **Barbarossa-Höhle** (6 km westl.; An den Mühlen 6, Rottleben, www.hoehle.de; April–Okt. tgl. 10.00–17.00, sonst Di.–So. 10.00–16.00 Uhr). Die **Königspfalz Tilleda** (erwähnt 972; 23 km nördl.) ist heute ein Freilichtmuseum (Kelba-Tilleda, Tel. 034651 29 23, www.pfalz-tilleda.de; April–Okt. tgl. 10.00–18.00, Nov.–März tgl. 10.00–16.00 Uhr). Kali-Bergbau prägte **Sondershausen** (22 000 Einw.) bis zur Wende – das Besucherbergwerk gehört zu den interessantesten in Thüringen. Der Marktplatz liegt im Übergang zwischen der tiefer gelegenen Altstadt mit der Trinitatiskirche (17. Jh.) und dem Schlossberg. Das Renaissanceschloss (16. Jh.) ist von Parks umgeben; das Schlossmuseum zeigt neben Repräsentationsräumen Ausstellungen zu Musik- und Landesgeschichte (Tel. 03632 62 24 20, www.thueringerschloesser. de; Di.–So. 10.00 bis 17.00 Uhr). Das Bergwerk Glückauf ist das älteste befahrbare Kalibergwerk der Welt (Schachtstraße 20, Tel. 03632 65 52 80, www. erlebnisbergwerk.com; Führungen Di.–Fr. 11.00 und 14.00, Sa. 10.00 und 14.00, So. 11.00 Uhr).

INFORMATION

Tourist-Information, Anger 14,
06567 Bad Frankenhausen, Tel. 034671 717 17,
www.bad-frankenhausen.de

Genießen Erleben Erfahren

DuMont Aktiv

Auf der Kanonenbahn

Ein kleiner Verein hat eine historische Bahnstrecke im Eichsfeld reaktiviert und schickt Besucher auf Draisinen durch Tunnel und über Viadukte mit weitem Blick über die Landschaft – wahlweise elektrisch oder per Muskelkraft.

Die Kanonenbahn bockt! Sie ruckelt und ächzt. Jeden Morgen schnauft das feuerwehrrote Schienenfahrzeug durchs Eichsfeld: vorbei an den gepflegten Gärten und blitzblanken Fassaden des Dorfes Lengenfeld unterm Stein, über das 240 m lange Viadukt, das den Ort als stählernes Wahrzeichen überspannt, vorbei an Schloss Bischofsstein und schließlich durch den rußgeschwärzten Entenbergtunnel. Die Strecke war einmal Teil eines gigantischen Verkehrsprojektes: Nach dem Sieg über Frankreich 1871 plante das neu gegründete Deutsche Reich die 800 km lange Bahnlinie Berlin–Metz, um Elsass-Lothringen besser anzubinden und um bei Bedarf rasch Kanonen und Soldaten befördern zu können – daher der Name. Bahnhöfe entstanden erst später, als der militärische Zweck entfallen war.

Nach der Morgenfahrt heißt es „Strecke frei“ für die Fahrraddraisinen. Rund 30 dieser pedalgetriebenen Fahrzeuge hat der Kanonenbahnverein in Betrieb. Auf der Strecke liegen 14 km Schienen, drei Viadukte, fünf Tunnel, und am Ende eine Drehscheibe zum Wenden. Jeder Meter dieser Strecke wurde in den vergangenen zehn Jahren in ehrenamtlicher Arbeit freigekämpft.

Informationen

Die **Elektro-Draisine** bricht tgl. um 10.30 und um 14.30 Uhr auf (90 Min.). **Fahrraddraisinen** können als Vier- bis Sieben-Sitzer gebucht werden; zwei Strecken stehen zur Auswahl: Lengenfeld–Küllstedt und zurück (26 km) und Lengenfeld–Geismar (7 km); eine weitere Strecke von 40 km ist auf Anfrage buchbar (Bahnhofstraße 43, 99976 Lengenfeld unterm Stein, www.erlebnis-draisine.de).

Kanonenbahn-Viadukt in Lengenfeld unterm Stein

Zwischen Klassik und Moderne

Die einstige Residenzstadt Weimar mit ihren Schlössern und Museen, Parks und Gärten ist vielfaches Weltkulturerbe: 13 Stätten der Weimarer Klassik tragen das Gütezeichen der UNESCO. Und vor hundert Jahren wurde hier das Bauhaus gegründet – Anlass zum Bau eines neuen Museums. Würdigung erfährt auch der demnächst gefeierte 100. Jahrestag der Weimarer Verfassung, seinerzeit im traditionsreichen Deutschen Nationaltheater verabschiedet.

Blick in den Rokokosaal der Weimarer Herzogin Anna Amalia Bibliothek

Die Götter deutscher Dichtkunst: Goethe-und-Schiller-Denkmal
vor dem Weimarer Nationaltheater

Das Römische Haus wurde bis 1797 als
herzoglicher Sommersitz errichtet

Schillers Arbeitszimmer in der Mansarde des Schillerhauses

Goethes Gartenhaus war 1776 ein Geschenk des Herzogs Carl August an seinen engsten Mitarbeiter

Goethe war hier!“ Den Satz, der Häuser und Gedenkstätten überall in Thüringen ziert, muss man in Weimar nicht erst an die Wand schlagen. Beim Rundgang durch die einstige Residenzstadt hat man den Eindruck, jeder Stein, jede Gasse, jedes Gebäude atmet noch Johann Wolfgang von Goethes Präsenz. Der große Dichter hat wesentlichen Anteil am heutigen Erscheinungsbild der Stadt.

Mehr als 50 Jahre lang – von 1775 bis zu seinem Tod 1832 – lebte Goethe in Weimar. Sein Wirken beschränkte sich nicht nur auf die Literatur: Als geheimer Legationsrat beriet er Herzog Carl August in politischen und wirtschaftlichen Fragen – und als Freund in privaten Dingen. Immer wieder übernahm er Regierungsämter: als Kriegsminister, als Leiter der Bergbaukommission, Kammerpräsident mit Zuständigkeit für den Staatshaushalt.

Er wirkte in der Architektur beim Wiederaufbau des abgebrannten Stadtschlosses und bei der Gestaltung des Parks an der Ilm, er forschte intensiv zu Biologie, Geologie, Mineralogie und Farbenlehre. 1791 übernahm er die Leitung des Weimarer Hoftheaters, später auch der herzoglichen Bibliothek. Und er gab Weimar jene Aura, die weitere „große Männer“ anzog und ein goldenes Zeitalter einleitete: 1776 kam auf Goethes Anregung Johann Gottfried Herder, 1799 dann Friedrich Schiller, zu dem sich eine enge Freundschaft entwickeln sollte – abgebildet im berühmten Goethe-Schiller-Denkmal auf dem Theaterplatz.

Weimars starke Frauen

Doch der Keim für dieses liberale, humanistisch geprägte Klima wurde früher gelegt – nicht von „großen Männern“, sondern von einer „starken Frau“: Herzogin Anna Amalia von Weimar-Sachsen-Eisenach. 1756 nach Weimar vermählt, wurde sie schon zwei Jahre später 19-jährig zur Witwe und übernahm bis zur Volljährigkeit ihrer Söhne die Regentschaft – was sie zunächst als Bürde empfand: „Ich fühlte meine Untüchtigkeit, und dennoch musste ich alles in mir selber finden. [...] In denen Jahren, wo sonst alles blühet, war bei mir nur Nebel und Finsternis.“

16 Jahre lang führte Anna Amalia die Regierungsgeschäfte, Jahre, in denen sie Theater, Musik und Literatur förderte. Sie komponierte und mehrte als eifrige Büchersammlerin den Bestand der heute nach ihr benannten Bibliothek. Berühmt wurden ihre späteren „Tafelrunden“ im Wittumspalais: gesellige Treffen, zu denen nicht nur der Adel, sondern auch bürgerliche Gäste und prominente Reisende zusammenkamen. Es wurde musiziert und gelesen, gespielt und diskutiert.

Das Wirken „starker Frauen“ zieht sich wie ein roter Faden durch die Geschichte Weimars. So fand Anna Amalia eine würdige Nachfolgerin in Maria Pawlowna, Großherzogin von Russland. Als Ehefrau ihres Enkels Carl Friedrich von Sachsen-Weimar eroberte sie mit ihrem sozialen Engagement zudem die Herzen der Bürger. Ihre Schwiegertochter Sophie von Oranien-Nassau trat selbstbewusst in ihre Fußstapfen: Als Erbin von Goethes – und später auch Schillers – schriftlichem Nachlass trug sie große Verantwortung.

Nicht zu vergessen die Frauen in Goethes Umfeld: Charlotte von Stein, seine enge Freundin. Christiane Vulpius, erst Geliebte, später Ehefrau des Dichters. „Du versuchst o Sonne vergebens, durch die düstren Wolken zu scheinen, der ganze Gewinn meines Lebens ist ihren Verlust zu beweinen“, ließ Goethe auf ihren Grabstein auf dem Jakobskirchhof schreiben. Aber auch Karoline Jagemann gehörte dazu, ab 1797 eine gefeierte Schauspielerin am Hoftheater und langjährige Geliebte von Herzog Carl August – sie löste den 68-jährigen Goethe 1817 nach einer bösen Intrige als Leitung des Hoftheaters ab.

Weimars Stadtkirche wird nach ihrem prominentesten Prediger auch Herderkirche genannt

Weimar bietet vielgestaltige Gastlichkeit – hier ein Blick in das „Café Frauentor“ in der Schillerstraße

Vor stimmungsvoller Kulisse:
Weinfest auf dem Weimarer Markt mit Rathaus

Hinter den Kulissen

Das Weimarer Theaterleben begann lange vor Goethes Zeiten, als fahrende Komödianten am Hof auftraten. Das von Herzogin Anna Amalia initiierte Liebhabertheater spielte zunächst in den verschiedenen Schlössern. Erst 1791 wurde das erste Hoftheater errichtet und entwickelte sich schnell zum führenden Haus der deutschen Klassik.

Ab Mitte des 19. Jahrhunderts erwarb sich auch sein Orchester ein besonderes Renommee. Franz Liszt und Richard Strauss wirkten hier als Kapellmeister. Bis heute ist das Deutsche Nationaltheater mit jährlich über 700 Aufführungen ein besonderer Anziehungspunkt in der Region. Der seit 2013 amtierende Generalintendant Hasko Weber setzt dabei die gute Tradition erfolgreich fort, sich in modernen Interpretationen mit den Klassikthemen auseinanderzusetzen.

Für Publikumsnähe sorgen Führungen hinter die Kulissen: Es gibt Termine beim Requisitenmeister, der in seine Trickkiste schauen lässt, oder in der Maskenwerkstatt, wo Perücken und dicke Nasen gefertigt werden. In der Kaschierabteilung hängt kopfüber ein Pferd aus Schaumstoff für die Aufführung des Wallenstein, im Hintergrund krächzt der Abteilungspapagei Chaco.

Goethe wollte sein Theaterpublikum für Schönheit und Ästhetik sensibilisieren.

Ein Labyrinth aus Treppen und Gängen zieht sich durch das Haus, hier liegt ein Schuhstapel, dort hängen Offiziersmäntel in Reih und Glied, es riecht nach frischer Wäsche. In der Schneiderei entstehen die ausgefallensten Kostüme. Gewandmeisterin Heike Börner versucht gerade das Problem zu lösen, eine Schauspielerin in ein wandelndes Sektglas zu verwandeln: „Dabei muss nicht nur die Statik stimmen, sondern das Kostüm soll

Standesgemäßes Verkehrsmittel:
Kutsche vor der Herzogin Anna Amalia Bibliothek

Tiefurt war einst Heimat geistreicher sommerlicher Geselligkeit:
Musentempel im Schlosspark

Das zur Stadt hin massige Residenzschloss Weimars wurde nach einem Großbrand bis 1803 klassizistisch gestaltet – unter Goethes maßgeblicher Mitarbeit

auch innerhalb von Sekunden gewechselt werden können." Alltag in einem der renommiertesten Theater Deutschlands.

Bühne für die Politik

Im Lauf seiner Geschichte wurde das Theater aber auch als politische Bühne missbraucht – allen voran durch die Nationalsozialisten, die hier 1926 einen Reichsparteitag abhielten. Und nun steht ein weiteres politisches Ereignis im Rampenlicht: Am 31. Juli 2019 jährt sich zum 100. Mal die Verabschiedung der Weimarer Verfassung durch die Deutsche Nationalversammlung. Eigentlich sollte damals an den „Geist von Weimar" im Sinne der Klassik angeknüpft werden. Doch die Weimarer Republik ging vor allem durch ihr Scheitern in die Geschichte ein.

„Wir sollten nicht das Ende betonen, sondern die Chancen", sagt dagegen Alf Rößner, Direktor des Weimarer Stadtmuseums. „Das war damals ein großartiger Versuch, eine demokratische Verfassung zu schaffen." Um das Thema aus der Versenkung zu holen, hat er eine kurzweilige Dauerausstellung zusammengestellt, mit wenigen Mitteln, aber viel Herzblut und Improvisation. So kaufte Rößner rund ein Drittel der Exponate bei Ebay: ein Granatsplitter – zehn Euro, eine historische Wählerkarte – acht Euro, ein Druck des Wahlrechts – ein Euro. Besucher können alte Wochenschauen und Filme ansehen, Original-Protokolle lesen – jeder Buhruf wurde aufgezeichnet –, an einer historischen Urne wählen und einer der letzten Zeitzeuginnen lauschen: Die Weimarerin Ilse-Sibylle Stapff spielte während der Debatten zu Füßen ihrer Tante, einer Stenografin, im Gestühl des Theaters: Ihr großer Teddy war Gustav Stresemann, und die kleinen Teddys riefen immer „Hört, hört!" Anschaulicher kann Geschichte kaum vermittelt werden.

Mekka für Gourmets

Der Name Anna Amalia steht nicht nur für kulturelle Vielfalt, sondern auch für kulinarische Genüsse: Das Restaurant im ehrwürdigen „Hotel Elephant" am Markt ist eines von nur zwei Michelin-Sterne-Häusern in Thüringen. Über Jahre besaß der langjährige Küchenchef Marcello Fabbri mit seiner mediterranen Küche quasi ein Abonnement auf diese Auszeichnung – und dies im Heimatland von Kloß, Rostbratwurst und Mutzbraten.

„Natürlich haben die Thüringer eine seit Langem verwurzelte Vorliebe für Geschmortes, Wurst und Schweinefleisch", sagt Fabbri. Das bedeute aber nicht, dass es keine Nachfrage nach Gourmet-Küche gäbe. Die Leuchttürme der Branche wie das „Anna Amalia", das „Clara – Restaurant im Kaisersaal" in Erfurt, die „Turmschänke" in Eisenach oder das „Scala" im JenTower können sich über fehlende Nachfrage nicht beklagen. Über mangelnden Nachwuchs dagegen schon eher: „Aufgrund der Arbeitszeiten ist die Ausbildung nicht sehr begehrt", sagt Fabbri.

Der Trend zu nachhaltiger, regionaler Küche hat auch Thüringen erreicht. Viele Restaurants bieten „leichtere" Versionen der Klassiker. Weimar ist sogar Sitz eines Conviviums von Slow Food, der Organisation, die sich weltweit für nachhaltig hergestellte Lebensmittel engagiert. Auch Produzenten haben sich auf hochwertige kulinarische Produkte spezialisiert. Im „Anna Amalia" sorgten zum Beispiel Täubchen aus dem Hainich und frischer Pecorino von der Creuzburger Käsemanufaktur für den „Hauch deutscher Klassik", mit dem das Lokal für sich warb. Mit Lamm aus Thüringen hat Marcello Fabbri den Räuberbraten, eine Thüringer Spezialität, „mediterranisiert". Die Liste guter Restaurants in Weimar ließe sich leicht fortsetzen. Einige, wie das „Zum Weißen Schwan" oder der „Elephantenkeller" bestehen sogar schon so lange, dass sie mit einem ganz besonderen Satz für sich werben können: „Goethe war hier!"

ARCHITEKTUR- UND DESIGN-GESCHICHTE

Wiege des Bauhauses

Walter Gropius gründete 1919 in Weimar das Bauhaus, die einflussreichste und prägendste Design- und Architekturschule des 20. Jahrhunderts. Zum 100-jährigen Jubiläum entsteht ein neues Museum, das die Arbeit des Bauhauses in ihrer ganzen Vielfalt dokumentiert.

Hof und Neubau der Bauhaus-Universität Weimar

Ein Körper aus gegossenem Beton. Ein gläserner Block als monolithische Raumskulptur. Satinierte Glasstreifen in einem horizontalen Rhythmus." Die Beschreibung des Entwurfs für das neue Bauhaus-Museum in Weimar liest sich so poetisch wie abstrakt. Architekten aus 60 Nationen meldeten ihr Interesse an, mehr als 500 Büros reichten Beiträge ein für den neuen Bau, der einmal die komplette Bauhaussammlung der Klassik Stiftung beherbergen wird.

Im April 2019 soll das Museum eingeweiht werden, für das die beiden Architekten Heike Hanada und Benedict Tonon den Zuschlag erhielten – rund 100 Jahre, nachdem Walter Gropius die Großherzogliche Kunsthochschule und die Kunstgewerbeschule zum Staatlichen Bauhaus Weimar vereinigt hatte. Der 1883 geborene Architekt scharte damals herausragende Künstler um sich, darunter Paul Klee, Oskar Schlemmer, Wassily Kandinsky und Lyonel Feininger. Gemeinsam wollte man Architektur und Gestaltung revolutionieren, sie mit Kunst und Handwerk verschmelzen. Das darauf abgestimmte Studienkonzept zielte darauf, die praktischen Fähigkeiten der Studenten zu fördern und ihre Kreativität zu wecken.

Beim Rundgang durch die heutige Bauhaus-Universität sind die Spuren jener Zeit noch präsent. „Es weckt schon Ehrfurcht, im selben Atelier wie Kandinsky zu arbeiten", sagt Alessandro Rintallo. Der Student ist einer von vielen Guides im Rahmen des „Bauhaus-Spaziergangs", der auf eine Studenteninitiative zurückgeht. Keine dieser Touren gleicht der anderen, je nachdem, ob man mit einem Bauingenieur, Architekten, Künstler oder Mediendesigner unterwegs ist. „Manchmal haben wir sogar Besucher, die persönlich mit Bauhaus-Mitgliedern zu tun hatten", berichtet der Guide.

„Die Eingriffe jeder Epoche sind noch gut zu erkennen", schärft Rintallo den Blick seiner Zuhörer. So findet man Bauhausarbeiten neben völkisch geprägten Motiven der 1930er-Jahre. Selbst die Türklinken wurden unverändert gelassen: Es gibt rund 40 verschiedene – von handschmeichelnden nach Entwürfen von Henry van de Velde über DDR-Plastik- bis zu modernen Klinken. Der Guide erzählt auch Anekdoten aus der Bauhaus-Zeit: Die Dozenten und

Der belgisch-flämische Architekt und Designer Henry van de Velde war ein Mitgründer des Deutschen Werkbundes und entwarf in den 1910er-Jahren auch das elliptische Treppenhaus der heutigen Bauhaus-Universität Weimar (links). Klassisch wirkt die Bauhaus-Küche im Haus am Horn (rechts)

Das Bauhaus war so einflussreich, dass der Begriff Bauhaus gern als Synonym für die Moderne in Architektur und Design verwendet wird.

ihre Schüler waren als verschrobene Esoteriker verschrien, allen voran der exzentrische Johannes Itten als Anhänger der fernöstlich angehauchten Mazdaznan-Lehre, der in Mönchskutte und mit rasiertem Kopf stadtbekannt war. „Wenn Du nicht artig bist, kommst Du ins Bauhaus", hieß damals die Drohung zur Disziplinierung der Kinder.

Umzug nach nur wenigen Jahren

1925 musste das Bauhaus auf Druck konservativer Kräfte Weimar verlassen und zog zunächst nach Dessau, 1932 schließlich nach Berlin. Nach der Machtergreifung 1933 schlossen die Nationalsozialisten die Schule ganz – und versprengten die Bauhäusler damit in alle Welt. Ihre Weimarer Wirkungsstätten sind seit 1996 Weltkulturerbe: Neben den Kunstschulbauten gehört dazu auch das 1923 errichtete Haus am Horn, ein Modell für das Musterhaus der Zukunft. Seit 2012 ist die Klassik-Stiftung Weimar auch im Besitz des Hauses Hohe Pappeln, einst Wohnsitz von Henry van de Velde. Der belgische Architekt und Designer entwarf nicht nur das Gebäude, sondern gestaltete auch den Garten und sogar die Möbel.

Walter Gropius hatte schon 1925 mit 168 Werkstattarbeiten den Grundstein für die Sammlung gelegt, die ab 2019 im neuen Bauhaus-Museum zu sehen sein wird – im Laufe der Jahrzehnte sind daraus rund 13 000 Exponate ge-

Aus der Sammlung des Weimarer Bauhaus-Museums: 1923 entworfenes Gebrauchsporzellan

Fakten & Informationen

Das neue **bauhaus- museum weimar** soll als Ort der Begegnung und Diskussion auf fünf Etagen die Weimarer Bauhaus-Geschichte dokumentieren. Auch Fragen zur Lebensgestaltung von heute und morgen sollen hier beantwortet werden (Stéphane-Hessel-Platz 1, www.klassik-stiftung.de; Mo. 10.00–14.30, Di. bis So. 10.00–18.00 Uhr).

Das Museum wird das Herzstück eines neuen **Quartiers der Moderne,** zu dem auch eine Ausstellung über die Moderne um 1900 im Neuen Museum gehören wird. Das ehemals Großherzogliche Museum wurde 1869 als einer der ersten deutschen Museumsbauten errichtet. In der Ausstellung werden herausragende internationale Werke des Realismus, Impressionismus und Jugendstils gezeigt (Jorge-Semprún-Platz 5; ab April 2019 Mi.–Mo. 10.00–18.00 Uhr). Außerdem ist eine Ausstellung der Gedenkstätte Buchenwald zum Thema „Zwangsarbeit" im sogenannten Gauforum geplant.

Am alten Standort des Bauhaus-Museums am Theaterplatz entsteht das neue **Haus der Weimarer Republik.** Das Gebäude soll ein Ort der Forschung und Projektarbeit zu Fragen der Demokratieentwicklung sowie ein Treffpunkt für politische und geschichtliche Bildungsangebote sein.

Die **Grand Tour der Moderne** vereint auf ihrer Homepage grandtourdermoderne.de alle Orte der Moderne – zusammengestellt von einer Fachjury. Die Internetseite www.bauhaus100.de widmet sich dem 100-jährigen **Gründungsjubiläum des Bauhauses**.

worden. Nur wenige Hundert daraus waren bislang in Weimar zu sehen, der Rest schlummerte im Lager oder war weltweit auf Ausstellungen unterwegs. Nun besteht erstmals die Möglichkeit, das gesamte Bauhaus-Universum zu erleben, darunter die berühmte Teekanne von Marianne Brandt, der Lattenstuhl von Marcel Breuer, Keramiken von Theodor Bogler, Gemälde und Grafiken von Feininger, Arbeiten von Paul Klee, Peter Keler und Lázló Moholy-Nagy.

Doch das neue Museum soll weitaus mehr sein als nur ein Ausstellungsraum: „Wie werden wir wohnen, wie werden wir siedeln, welche Formen des Gemeinwesens wollen wir erstreben?", fragte Walter Gropius 1924. Eine Sinnsuche, die heute wieder aufgegriffen und thematisiert werden soll: „Die Ideen des Bauhauses sind keine Gedanken der Vergangenheit, sondern es sind eigentlich Dinge, die uns bewegen", sagt Prof. Dr. Wolfgang Holler, Generaldirektor Museen der Klassik Stiftung, zum Konzept.

Das spiegelt sich auch in der Architektur des Kubus aus Glas und gegossenem Beton, der nach außen geschlossen erscheint, sich aber nach innen weit öffnet. Nachts sollen ihn umlaufende Lichtbänder zum Leuchten bringen – wie das Erbe der Bauhaus-Künstler, deren Arbeit bis heute als Vorbild dient.

Maßstab 1:280.000
0
3
6km
ERFURT
WEIMAR
JENA
APOLDA
ARNSTADT
RUDOLSTADT
SAALFELD/ Saale
SÖMMERDA
Kölleda
Bad Berka
Blankenhain
Stadtilm
Kahla
Pößneck
Bad Blankenburg
Eckartsberga
Bad Sulza
Bad Bibra
Buttstädt
Rastenberg
Ilmtal-Weinstraße
Saaleplatte
Finneland
Bier- und Burgenstraße
Thüringer Porzellanstr.
Klassikerstraße
Deutsche Alleenstraße
Hintere Heide
Vordere Heide
Naturpark
Goethehaus
Schloss Belvedere
Gedenkstätte Buchenwald
Thüringer Zoopark
Glockenmuseum
Optisches Museum
Zeiss-Planetarium
Schloss Heidecksburg
Feengrotten
ICE-Strecke Erfurt-Halle
ICE-Neubaustrecke

Stadt der Klassiker

Es gibt wohl kaum eine andere Region in Thüringen mit einer so großen Dichte an Museen, Schlössern und Parks wie Weimar und das Weimarer Land. Daneben beeindrucken die Spuren der Bauhausmeister. Aber es gibt auch tiefdunkle Seiten: Die Gedenkstätte Buchenwald erinnert an die Opfer des Nationalsozialismus.

1 Weimar

Zwei große Jubiläen bewegen Weimar (64 000 Einw.): Bis zum 100. Jahrestag der Gründung des Bauhauses 1919 entsteht ein neues Museum. Im gleichen Jahr beschloss die hier tagende Nationalversammlung die erste demokratische deutsche Verfassung. Die alles überragende Epoche bildete jedoch die Weimarer Klassik im 18. und frühen 19. Jh., als Dichter und Denker wie Goethe, Schiller, Wieland und Herder vom liberalen Klima am Weimarer Hof angezogen wurden. Bis heute zeigt die Stadt charmantes kleinstädtisches Flair.
Bereits 975 wurde eine Burg genannt. Bis 1249 war auch eine Stadtkirche errichtet, und 1410 gab es Stadtrechte. Die Verlegung der Residenz der Herzöge von Sachsen-Weimar von Wittenberg nach Weimar (bis 1918) brachte lang anhaltenden Aufschwung – im 17. Jh. vom Dreißigjährigen Krieg unterbrochen.

SEHENSWERT

Am Markt steht das neugotische **Rathaus** (1841), im Turm ein Glockenspiel aus Porzellan. Gegenüber fällt die geschmückte Renaissancefassade am **Cranachhaus** auf, einst Wohnsitz von Lucas Cranach dem Älteren (1472–1553). Daneben das **Stadthaus,** dessen Fassade aus dem 15. Jh. rekonstruiert wurde. Gleich um die Ecke liegt der Frauenplan mit dem **Goethe-Nationalmuseum** TOPZIEL; es umfasst das Wohnhaus (1709) des Dichters mit Garten und eine Ausstellung über dessen Leben und Werk (Frauenplan 1, Klassik Stiftung; Ende März–Okt. Di.–So. 9.30–18.00, sonst Di.–So. 9.30–16.00 Uhr).

Tipp

Weimar Card

Die Weimar Card ermöglicht für 48 Std. freien Eintritt in fast allen Museen, die Teilnahme an einer Stadtführung bzw. die Nutzung des multimedialen iGuides und die Nutzung der Stadtbusse.

Die Weimar Card ist für 29,90 € bei der Tourist-Information auch online erhältlich

Auch **Schillers Wohnhaus** (1777) wurde 1847 Gedenkstätte – zu sehen sind die Wohnräume sowie die Ausstellung „Schiller in Thüringen" (Schillerstraße 12, Klassik Stiftung; Ende März bis Okt. Di.–So. 9.30–18.00, sonst Di.–So. 9.30 bis 16.00 Uhr). Am **Theaterplatz** steht das bekannte Goethe-Schiller-Denkmal (Ernst Rietschel, 1857). Am **Deutschen Nationaltheater,** der heutige neoklassizistische Bau wurde 1908 eingeweiht, war schon Goethe tätig. Gegenüber liegt das ehem. Kulissenhaus und **Bauhaus-Museum**, das bis 2020 gemeinsam mit dem Zeughaus zum Haus der Weimarer Republik umgebaut werden soll. Im **Wittumspalais** (1769) gegenüber befand sich der Witwensitz von Herzogin Anna Amalia bis 1807; zu sehen ist adlige Wohnkultur (Am Palais 3, Klassik Stiftung; Ende März–Okt. Di.–So. 10.00–18.00, sonst Di.–So. 10.00–16.00 Uhr).
In der **Stadtkirche St. Peter und Paul** (um 1500) predigte der hier auch begrabene Johann Gottfried Herder (1744–1803); sehenswert ist das dreiflügelige Altarbild von Vater und Sohn Cranach (April–Okt. Mo.–Sa. 10.00–18.00, Sa. 10.00–12.00 und 14.00–18.00, So. 11.00–12.00 und 14.00-16.00 Uhr, sonst kürzer). Das **Stadtschloss** (1774–1803) war einst die Residenz des Großherzogtums Sachsen-Weimar-Eisenach (heute Schlossmuseum). Im früheren Grünen Schloss (1565) hat die **Herzogin Anna Amalia Bibliothek** ihren Sitz (Platz der Demokratie 1, Klassik Stiftung; Di.–So. 9.30–14.30 Uhr, Reservierung empfohlen); prächtig der Rokokosaal (1766).
Die Bibliothek grenzt an den Park an der Ilm. In ihm ist **Goethes Gartenhaus** zu finden, das er 1776–1782 bewohnte (Klassik Stiftung; Ende März–Okt. Di.–So. 10.00–18.00, sonst Di.–So. 10.00–16.00 Uhr). Besuchenswert sind auch das **Römische Haus** (1797; Ende März–Okt. Mi.–Mo. 10.00–18.00 Uhr) und die Parkhöhle mit einer Ausstellung zur Geologie (April–Okt. Mi.–Mo. 10.00–18.00, sonst Mi.–Mo. 10.00 bis 16.00 Uhr). Am Ostrand des Parks liegt das **Haus am Horn,** errichtet für die Bauhaus-Ausstellung 1923 (www.hausamhorn.de; Neueröffnung Frühjahr 2019). Am südw. Rand des Parks gelegen, ist das kleine **Liszt-Haus** (19. Jh.) dem Leben und Werk des Komponisten (1811–1886) gewidmet (Marienstraße 17; April bis Okt. Mi.–Mo. 10.00–18.00, sonst Mi.–Mo. 10.00–16.00 Uhr). Benachbart erstreckt sich das Gelände der **Bauhaus-Universität,** auch UNESCO-Welterbestätte. Es umfasst das Hauptgebäude (Henry van de Velde, 1905/1911), das einstige Gebäude der Kunstgewerbeschule

Das Haus am Horn hinter seinem original Bauhaus-Zaun (links). Im Weimarer Park an der Ilm (rechts)

Tipp

Weingüter in Thüringen

Um 1500 zählte man rund 60 Weingüter im thüringischen Bad Sulza – eine Zahl, die nie wieder erreicht wurde. Im 19. Jh. kam der Mehltau, dann die Reblaus. Erst nach der Wende wagten Winzer wieder in die Weinberge zu investieren, die zur Saale-Unstrut-Region gehören, dort gibt es Weinproben und Feste. Seit 2008 kommen auch Tropfen vom Ettersberg bei Weimar, in Schloss Kromsdorf kann verkostet werden.

Informationen unter www.erlebniswein gut.de und www.thueringer-wein.de

(Van de Velde, 1906) und das Brendelsche Atelier mit Besucherzentrum und Café (www.uni-weimar.de/bauhausspaziergang; Führungen ab Bauhaus-Atelier April–Nov. Di., Fr. und Sa. 13.30 Uhr, sonst nur Fr. und Sa. 13.30 Uhr).
Auf dem **Historischen Friedhof** befindet sich die Fürstengruft (1827) mit den Gräbern von Goethe, Schiller (heute leer) und Großherzog Carl August. Die russisch-orthodoxe Kirche entstand 1862 als Grabstätte für Großherzogin Maria Pawlowna (April–Okt. Mi.–Mo. 10.00 bis 18.00, sonst Mi.–Mo. 10.00–16.00 Uhr). Friedrich Nietzsche (1844–1900) verbrachte seine letzten Jahre in der Villa Silberblick, dem später von Van de Velde umgestalteten **Nietzsche-Archiv** mit Jugendstil-Interieur (Humboldtstraße 36; April bis Okt. Mi.–Mo. 11.00–17.00 Uhr).
An der Belvederer Allee Rtg. Süden liegt das **Haus Hohe Pappeln,** das Bauhaus-Künstler Van de Velde für sich privat entwarf (Nr. 58, April–Okt. Di.–So. 11.00–17.00 Uhr). Umgeben von einem Landschaftspark, spiegelt **Schloss Belvedere** (1729–1748) barocke Wohnkultur – Porzellan, Möbel, Fayencen, Gläser (April–Okt. Di.–So. 11.00–17.00 Uhr). Zum Ensemble gehören auch die Orangerie und ein russischer Garten.

MUSEEN

Die meisten Museen, Schlösser und Gärten werden durch die **Klassik Stiftung Weimar** verwaltet (regelmäßige Führungen, Termine etc. unter www.klassik-stiftung.de). Das **Schlossmuseum** zeigt neben Prunkräumen europäische Kunst vom Mittelalter bis zum frühen 20. Jh. (Burgplatz 4; bis 2013 geschl.). Das **Stadtmuseum** im klassizistischen Bertuchhaus (1803) dokumentiert Stadtgeschichte und Weimarer Republik (Karl-Liebknecht-Straße 5, Tel. 03643 82 600, http://stadtmuseum.weimar.de; Di.–So. 10.00–17.00 Uhr). 400 000 Jahre Thüringen sind Thema des **Museums für Ur- und Frühgeschichte** (Humboldtstraße 11, Tel. 03643 81 83 31; Di. 9.00–18.00, Mi.–Fr. 9.00 bis 17.00, Sa. und So. 10.00–17.00 Uhr). Hinter der Neorenaissancefassade des **Neuen Museums** (1869) eröffnet im April 2019 die Ausstellung „Van de Velde, Nietzsche und die Moderne um 1900" (Jorge-Semprún-Platz 5, Mi.–Mo. 10.00–18.00 Uhr). Zum **bauhaus museum weimar** s. S. 70. Interessant ist das **Deutsche Bienenmuseum** mit Hofladen (Ilmstraße 3, Tel. 03643 492 04 01, http://dbm.lvti.de; April–Okt. Di.–So. 10.00–18.00, sonst Di.–So. 10.00–17.00 Uhr).

ERLEBEN

Das **Deutsche Nationaltheater** bietet Aufführungen von klassisch bis modern (www.nationaltheater-weimar.de), die **Staatskapelle** gibt Sinfonie- und Sonderkonzerte für alle Altersklassen. Im **Theater im Gewölbe** im Cranachhaus dreht sich alles um das Zeitalter von Goethe und Schiller (Markt 11/12, Tel. 03643 77 73 77, www.theater-im-gewoelbe.de). Weimar und Umgebung lassen sich gut per Fahrrad erfahren, beispielsweise auf dem **Ilmtal-Radweg** (www.ilmtal-radweg.de). Beliebt ist auch der **Goethe-Wanderweg** (28 km) zwischen Weimar und Großkochberg.

HOTELS UND RESTAURANTS

Im **€ € € € / € € € Hotel Elephant** gingen schon die Klassiker ein und aus. Das luxuriöse Haus bietet im **Anna Amalia** Gourmet-Küche (Markt 19, 99423 Weimar, Tel. 03643 80 20, www.hotelelephantweimar.com, www.restaurant-anna-amalia.com). Das **€ € € / € € Hotel am Goethepark** hat komfortable, freundlich gestaltete Zimmer (Beethovenplatz 1, 99423 Weimar, Tel. 03643 87 20, http://hotel-weimar.dorint.com). Das **€ € € / € Familienhotel Weimar** bietet Ferienwohnungen, ökologisch und mit viel Holz gestaltet (Seifengasse 8, Tel. 03643 457 98 88, 99423 Weimar, www.familien-hotel-weimar.de).Zentral gelegen ist das **€ € / € Hotel am Frauenplan** im denkmalgeschützten barocken Bernstorffschen Palais (Brauhausgasse 10, 99423 Weimar, Tel. 036434 94 40, www.hotel-am-frauenplan.de). Das elegante Ambiente in den historischen Räumen des **Grand Hotel Russischer Hof** bildet den Rahmen für die Gourmet-Küche des **€ € € € / € € € Restaurants Anastasia** (Goetheplatz 2, Tel. 03643 77 48 14, www.restaurant-anastasia.info; Mo. Ruhetag). Thüringer Küche hat die **€ € € / € Scharfe Ecke** im Angebot, darunter viele Gerichte mit Klößen (Eisfeld 2, Tel. 03643 20 24 30; Mo. Ruhetag). Kuchen, Torten, Snacks und einen Mittagstisch bietet das **€ € / € Café Donndorf** (Rittergasse 12, Tel. 03643 855 42 20; Mo. Ruhetag).

VERANSTALTUNGEN

Auf dem Frauenplan findet rund um **Goethes Geburtstag** (28. Aug.) ein Weinfest statt. Das **Kunstfest Weimar** im Aug./Sept. umfasst Theater, Tanz, Musik und Bildende Kunst (www.kunstfest-weimar.de). Im Okt. wird das traditionelle Volksfest **Zwiebelmarkt** veranstaltet. Stimmungsvoll ist auch der **Weihnachtsmarkt** (Ende Nov.–Anf. Jan.).
Feiern, singen und tanzen, lauschen, sehen und lernen: Der **Weimarer Sommer** (www.weimarer-sommer.de) bündelt eine Fülle von Veranstaltungen wie das Musik- und Kulturfestival Yiddish Summer, das Kunstfest Weimar und das Klassik-Open-Air der Staatskapelle Weimar.

UMGEBUNG

Eingebettet in einen prächtigen Landschaftspark an der Ilm, diente **Schloss Tiefurt** (18. Jh.; östl.) Herzogin Anna Amalia als Sommersitz. Die Räume sind noch im Stil des 18. Jh. eingerichtet (Klassik Stiftung; Ende März–Okt. Di.–So. 11.00–17.00 Uhr).
Ein Stück weiter nördl. liegt **Schloss Kromsdorf** (15./16. Jh.) – interessant ist der Garten mit Nischen für 64 Büsten.
Hauslehrer am Fürstenhof, wohnte Christoph Martin Wieland (1733–1813) einige Jahre in **Oßmannstedt** (ab 1757; 10 km nordöstl.); zum barocken Wielandgut gehören ein Museum, ein Barockgarten und das Grab des Dichters (Klassik Stiftung; Di.–So. 11.00–17.00 Uhr).

Toscana-Therma in Bad Sulza (rechts oben). Alte Zeiten spiegelt das Thüringer Freilichtmuseum Hohenfelden (links und rechts unten)

Die **Gedenkstätte Buchenwald** (9 km nordw.) erinnert an das Konzentrationslager der Nationalsozialisten und an das nach dem Krieg hier eingerichtete sowjetische Speziallager. Zu besuchen sind Ausstellungen und das Lagergelände (Tel. 03643 43 02 00, www.buchenwald.de; April–Okt. Di.–So. 10.00–18.00, sonst Di.–So. 10.00–16.00 Uhr, tgl. Führungen).

Die Falknerei in der Niederburg von **Kranichfeld** (20 km südl.) zeigt Flugvorführungen mit Greifvögeln (Schlossgasse 18/Auenweg, Tel. 036450 4 41 91, www.falkenhof-kranichfeld.de; April–Okt. Di.–So. 15.00–16.00 Uhr). Etwas weiter nordw. ist das **Thüringer Freilichtmuseum Hohenfelden** zu finden – mit historischen Gebäuden aus ganz Thüringen (Tel. 036450 3 02 85, www.freilichtmuseum-hohenfelden.de; April–Okt. tgl. 10.00–18.00 Uhr, sonst deutlich kürzer bzw. geschl.).

INFORMATION

Tourist-Information, Markt 10, 99423 Weimar, Tel. 03643 74 50, www.weimar.de

Klassik Stiftung Weimar, Burgplatz 4, 99423 Weimar, Tel. 03643 54 54 00, www.klassik-stiftung.de

2 Apolda

Seit dem Mittelalter ein Apfelanbaugebiet, gelangte die Stadt Apolda (22 300 Einw.) im 16. Jh. durch Strickwaren zu Wohlstand. Seit 1722 besteht die Glockengießerei-Tradition.

SEHENSWERT

Im Zentrum liegt der Markt mit dem Renaissance-**Rathaus** (16. Jh.). Das auf das 12. Jh. zurückgehende **Schloss** wurde mehrfach umgebaut. Am Stadthaus erklingt ein **Glockenspiel** (tgl. 9.55, 11.55 und 16.55 Uhr). Alles zum Thema Glocken erfährt man im **Glockenmuseum** mit angeschlossenem **Stadtmuseum** zur Geschichte der lokalen Textilbranche (Bahnhofstraße 41, Tel. 03644 5 15 25 70, www.glockenmuseum-apolda.de; Di.–So. 10.00–17.00 Uhr).

INFORMATION

Tourist-Information, Markt 1, 99510 Apolda, Tel. 03644 65 01 00, www.apolda.de

3 Bad Sulza

Seit 1848 macht Sole Bad Sulza zur Kurstadt. Ihre Umgebung wird von Weinbau geprägt.

SEHENSWERT

Eine Kopie von **Goethes Gartenhaus** dient als Standesamt und Veranstaltungsort (www.goethegartenhaus.de; Mai-Sept. Fr.–So. 13.00 bis 16.00 Uhr). Die Salinenschenke (um 1850) wurde **Saline- und Heimatmuseum** (Naumburger Straße 2; Tel. 036461 82 11 0; auf Anfrage).

INFORMATION

Tourist-Information, Kurpark 2, Tel. 036461 82 10, 99518 Bad Sulza, www.bad-sulza.de

Genießen Erleben Erfahren

DuMont Aktiv

Mit Rucksack auf Kulturtour

Weimar spielerisch und forschend entdecken – dieses Angebot macht die Klassik-Stiftung Familien mit Kindern. Man kann mit einem Rucksack voller Spiele und Rätsel auf Entdeckung gehen, Audioguides mit Kinderführungen ausleihen oder mit der „Museumsbox“ die Parkhöhle besuchen.

Eine Taschenlampe, eine Lupe, ein Baumbestimmungsbuch, Wachsmalstifte – und eine Schatzkiste: Der Inhalt des Familienrucksacks auf der Tour „Unterwegs mit Fritz von Stein“ macht neugierig. Das soll er auch, denn es gilt eine Höhle zu erkunden, Schiffchen segeln zu lassen, zu malen und Goethes Lyrik zu lauschen – alles mit Bezug auf die Weimarer Klassik. Im Begleitheft der spielerischen Reise durch den Park an der Ilm sind alle Aufgaben und Spiele kindgerecht erklärt. Fünf Rucksacktouren sind im Angebot, anfangen bei „Abenteuer Garten“ für Kindergartenkinder ab drei Jahren bis hin zur Spurensuche mit dem „Bauhaus-Bag“ für die Altersstufe bis zwölf Jahre. Beim „Experiment Natur“ können Kinder und Eltern gemeinsam zum Beispiel mit Glasprismen und bunten Lampen über die Farbenlehre forschen. Auch den „Spuren der Reformation“ kann man auch folgen. Die „Museumsbox“ begleitet junge Gäste durch die Parkhöhle an der Ilm.

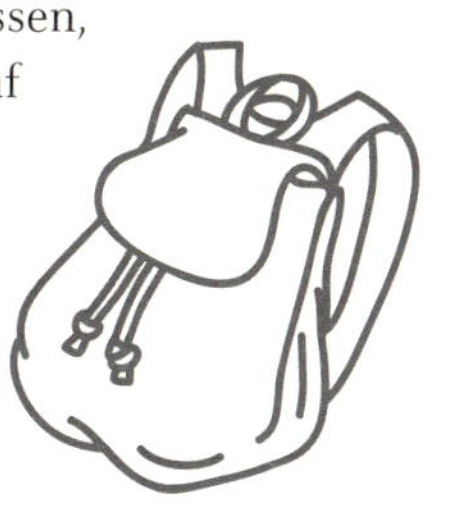

In einigen Museen gibt es Audioguides mit einer Kinderführung im Hörspielformat, beispielsweise in der Herzogin Anna Amalia Bibliothek oder im Goethe-Nationalmuseum. „Studiolo“ heißt eine museumspädagogische Werkstatt im Schillerhaus. Kinder lernen dort, mit Federkiel und Tinte zu schreiben, Schattenbilder oder Gipsabgüsse zu fertigen.

Informationen

Rucksacktouren sind von April bis Okt. verfügbar und dauern im Schnitt zwei Std. Die **Museumsbox** ist ganzjährig erhältlich (kostenlos).

Informationen zur Ausleihe, zu Führungen, Werkstätten und Terminen bei der Klassik Stiftung Weimar (Burgplatz 4, Tel. 03643 54 55 61, www.klassik-stiftung.de).

Über Gipfel und Kämme

Die Wartburg bewacht bei Eisenach den Eingang zum Thüringer Wald. Martin Luther übersetzte hier vor fast 500 Jahren das Neue Testament ins Deutsche. Oben, in den Höhenlagen des knapp 1000 Meter hohen Mittelgebirges, verläuft der rundum erneuerte Rennsteig. Unten in den Talstädtchen ist noch traditionelles Handwerk präsent: Glasbläserei, Schieferproduktion, Spielzeugherstellung.

Blick vom Eisenacher Schlossberg auf die Wartburg

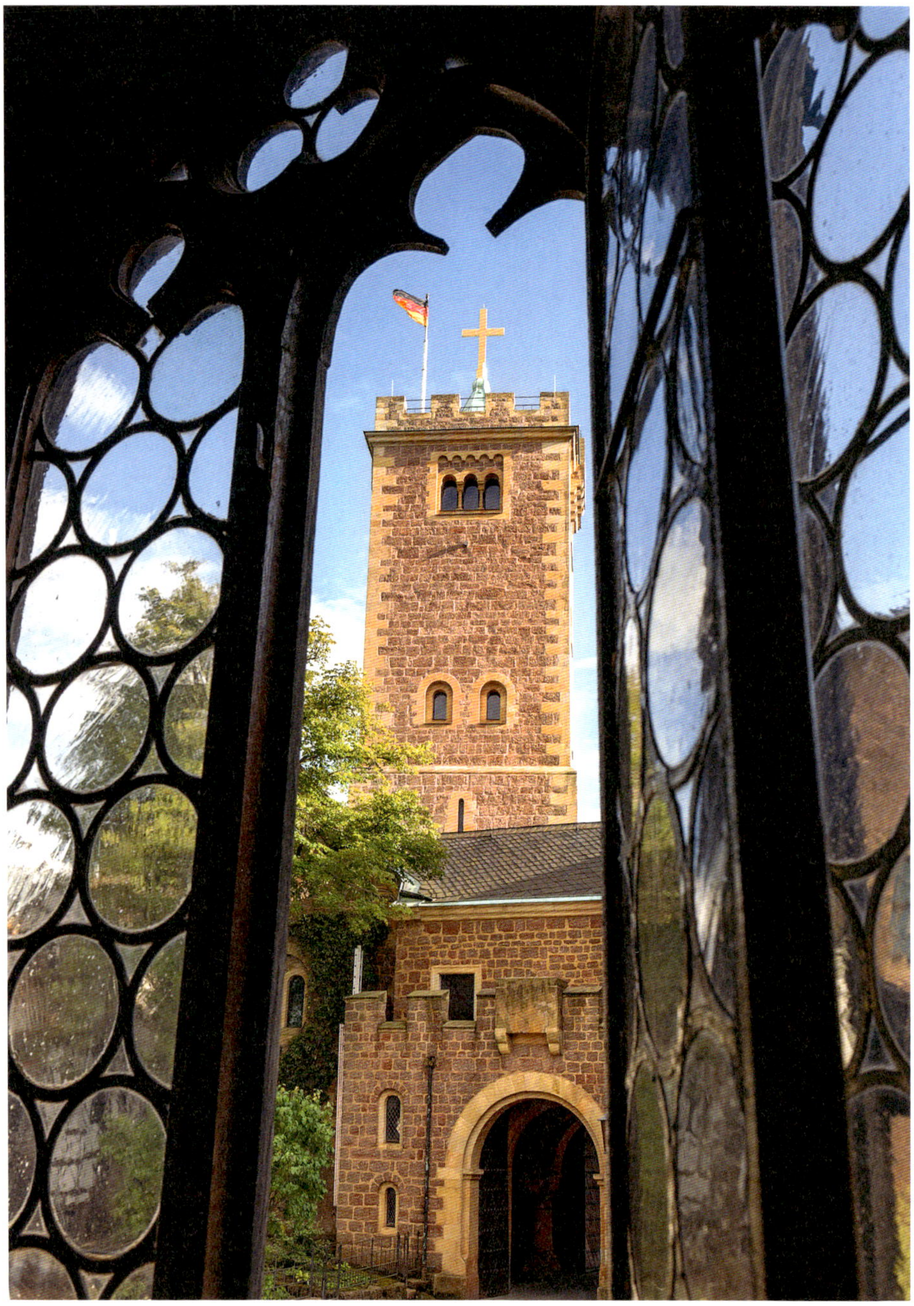

Blick aus dem Erker der Vogtei in der Vorburg auf die Torhalle, den Zugang zur Hofburg mit dem Bergfried der Wartburg

Das Landgrafenzimmer schmückte Moritz von Schwind mit Thüringer Herrschersagen

Hinter der Zugbrücke liegt das Burgtor als einziger Zugang zur Wartburg. Rechts daneben schließt das Ritterhaus aus dem 15. Jahrhundert an. Links krönt der Elisabethengang die Mauer

Die Elisabethkemenate zieren Bilder aus dem Leben der hl. Elisabeth

Abends ist alles vorbei: keine Reisegruppen mehr und keine tobenden Kinderscharen. Keine Klingeltöne und klickenden Foto-Apps. Keine Eselskarawanen und hupenden Autos auf Parkplatzsuche. Wenn die schweren Tore einmal geschlossen sind, kehrt Stille ein rund um die Wartburg. Wenn sich dann doch einmal Spaziergänger auf die kleine Aussichtsplattform vor der Festung verirren, liegt der mächtige Bau schweigend vor ihnen.

Es ist ein anderes Schweigen, als das, was Martin Luther empfunden haben muss, als er hier im Jahr 1521 und 1522 innerhalb von nur zehn Wochen das Neue Testament ins Deutsche übertrug. So still, dass er darüber glaubte, den Teufel zu sehen, und sein Tintenfass nach ihm warf – so die Legende. Die Zeit auf der Wartburg behagte dem Reformator überhaupt nicht: „Ich bin ein wunderlicher Gefangener, muss hier sitzen, ob ich nun wollen mag oder nicht."

Soldaten des Kurfürsten Friedrich des Weisen von Sachsen hatten Luther auf dem Weg vom Reichstag in Worms „entführt", um ihn vor der Reichsacht zu schützen. Als „Junker Jörg" genoss er die

Luthers Aufenthalt auf der Wartburg brachte den Deutschen weit mehr als die Bibelübersetzung.

Gastfreundschaft auf der Wartburg. Mit zugewachsener Tonsur, Vollbart und Schwert an der Seite erinnerte er tatsächlich mehr an einen armen Ritter als an den rebellischen Mönch, der seine Meinung keinesfalls widerrufen wollte.

Das Werk, das er bei Kaminfeuer in einer kleinen Bohlenstube vollbrachte, lässt sich kaum hoch genug bewerten: Mit der Übersetzung der Bibel aus der griechischen Urfassung bereitete Luther

In Arnstadts Bachkirche am Markt trat Johann Sebastian Bach 1703 erst 18-jährig seine erste Organistenstelle an

In der Farbglashütte Lauscha lässt sich bereits im Sommer das Weihnachtsbaumschmücken üben (links). Prunkstück des Sonneberger Spielzeugmuseums ist das Weltausstellungs-exponat „Thüringer Kirmes" (rechts)

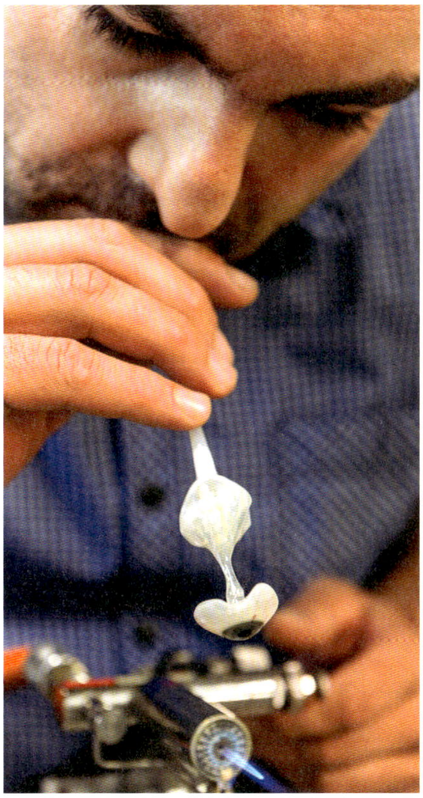

Hohes Können verlangt die Fertigung von Glasaugen – hier Sven Petzold von der Augenprothetik Lauscha (links).
Was einmal eine gläserne Katze werden will: Glasbläserin in der Farbglashütte Lauscha (rechts)

Wer den Glasbläsern in Lauscha und anderswo über die Schulter schaut, blickt auf große Kunstfertigkeit.

erstmals auch der Vereinheitlichung der deutschen Landessprache den Weg. Er schuf dabei viele neue Metaphern und Begriffe, die heute zum täglichen Sprachgebrauch zählen, das „Machtwort", den „Sündenbock", den „Lückenbüßer" und den „Wolf im Schafspelz" beispielsweise.

Schätze im Untergrund

Beim Blick vom Turm der Burg fühlt man sich wie in einem grünen Meer: rundum nichts als bewaldete Kuppen und Kämme. Über rund 150 Kilometer erstrecken sich Thüringer Wald und Schiefergebirge in Richtung Südwesten. Wo Besucher heute den Naturreichtum bewundern, sahen Anwohner seit der Bronzezeit ganz andere Schätze: Sie schürften nach Gold, bauten Schiefer für Fassaden und Dächer, Alaun für die Gerbereien und die Blaudrucker ab, fällten Holz und nutzten die Wasserenergie.

Die Region ist von Bergwerken, Stollen und Gruben unterhöhlt. Einige werden heute touristisch genutzt: die Marienglashöhle in Friedrichroda zum Beispiel mit ihrer märchenhaften Bergkristallgrotte und die Saalfelder Feengrotten mit farbenfrohen Tropfsteinen. Um gegenüber der Konkurrenz zu bestehen, sind immer ausgefallenere Attraktionen gefragt. Im Erlebnis Bergwerk Merkers kann man unter Tage mountainbiken, Marathon laufen und sogar „Bullenreiten" – auf einer Rodeomaschine.

Täglicher Höhepunkt in diesem nach der Wende stillgelegten Kalibergwerk ist jedoch eine Tour in den kilometerlangen Stollen. Mit blauen Kitteln und weißen Helmen in Bergleute verwandelt, sausen die Besucher mit dem Förderkorb in die Tiefe. Bergmann Ulf Schmidt fegt mit einem riesigen „Offroad-Cabrio" durch die engen Stollen, bergauf, bergab, durch eine unterirdische Mondlandschaft. Er erzählt, wie stolz er als Lehrling auf die Arbeit in der Tiefe war. Wo sich zuletzt moderne Maschinen in die Wände frästen, arbeitete man früher noch mit Handbohrmaschine, buckelte jeden Sack Dynamit einzeln auf den Schultern.

Kratzt man an den grauen Wänden, kommt schneeweißes Salz zum Vorschein: das begehrte „weiße Gold", das hier abgebaut wurde. Doch es gab auch echtes Gold in Merkers: Im Januar 1945 ließen die Nationalsozialisten hier Gold- und Devisenreserven des Reiches in vermeintliche Sicherheit bringen. Ganze 24 Eisenbahnwaggons mit Tonnen von Gold und Kunstschätzen rollten wegen der Fliegerangriffe im Schutz der Dunkelheit durch Thüringen – darunter die Nofretete aus Berlin und Werke von Rembrandt, Dürer und Rubens.

Goethe(-Statue) vor seinem Museum in Ilmenau (oben links). Brunneninhalation in der „Solewelt“ von Bad Salzungen (oben rechts). Blick von Schmalkaldens Schloss Wilhelmsburg auf die Altstadt rund um St.Georg (unten links). Schmalkaldens Altmarkt säumt herrlich erhaltenes Fachwerk (unten rechts)

Wiege der Christbaumkugel

Zu den Schätzen des Thüringer Waldes zählt auch der Quarzsand aus Bächen und Flüssen. Die ersten Waldglashütten stellten im 12. Jahrhundert einfache Gläser und Kelche für den Alltagsgebrauch her. Im 18. Jahrhundert wurden um das Städtchen Lauscha die ersten Glasröhren produziert, später folgten Puppenaugen, Glasfiguren, Augenprothesen – und seit rund 150 Jahren auch Christbaumschmuck.

Der Legende nach waren die Glasbläser Mitte des 19. Jahrhunderts so arm, dass sie ihren Kindern nicht einmal Walnüsse oder Äpfel an den Weihnachtsbaum hängen konnten, wie es damals üblich war. Einer von ihnen soll daher Äpfel aus Glas geblasen haben. 1847 tauchte der neue Baumschmuck zum ersten Mal in einem Katalog auf, wenig später traten die Kugeln ihren Siegeszug durch Amerika an. Kaiser Wilhelm ließ 1871 – Frankreich war gerade besiegt – einen Weihnachtsbaum in Versailles damit schmücken.

Die Armut ließ Äpfel aus Glas entstehen – heute kennen wir diese als Christbaumkugeln.

Bis heute blieb Lauscha ein Zentrum der Glasproduktion. In vielen der schieferverkleideten Häuser haben Werkstätten ihren Sitz, ein großer Teil der knapp 3400 Einwohner hat noch eine der charakteristischen Gaslampen zu Hause. Zum Beispiel Frank Weigelt, der in unverändert aufwendiger Weise Augen für Puppen und Teddybären herstellt. Doch das Geschäft ist schwierig: „Alle nehmen lieber Plastikaugen, die werden in China billig hergestellt."

Das Rohmaterial der kleinen Manufakturen stammt aus der alteingesessenen Farbglashütte, in der Glasmacher farbige Glasstangen produzieren – Besucher

In der Drachenschlucht bei Eisenach (links). Auf dem Goethe-Wanderweg: Goethehäuschen in der Nähe des Kickelhahns (oben rechts). Am Kletter- und Aussichtsturm werden auf dem 978 Meter hohen Schneekopf glatte 1000 Meter erreicht (Mitte rechts)

Fragende Blicke auf den Schilderbaum: Wo bitte geht es zum Rennsteig?

Ein Sommerspektakel: Trusetaler Wasserfall

Weit reicht der Blick vom Schneekopf – hinter dem kühnen Bogen der Autobahnbrücke liegt Oberhof

dürfen ihnen dabei über die Schulter sehen. Die Glashütte versucht aber auch neue Nischen zu besetzen, zum Beispiel mit Implantaten für die Medizin, die sich später von selbst auflösen. Der Renner im angeschlossenen Shop ist jedoch grünlich schimmerndes „Waldglas" – wie in den ersten Glashütten des 12. Jahrhunderts.

Neuerfindung des Rennsteigs

Fast ebenso traditionsreich wie die Glasherstellung ist der Rennsteig zwischen Hörschel bei Eisenach und Blankenstein im Südosten an der Saale, der älteste und wohl bekannteste Fernwanderweg Deutschlands. Schon im 14. Jahrhundert wurde er erstmals „Rynnestig" genannt. Soldaten waren auf ihm unterwegs sowie reitende Kuriere – historische Namen wie „Alte Ausspanne" erinnern an Gasthäuser entlang der Strecke, an denen man seinerzeit die Pferde ausspannte und übernachtete.

Obwohl weit abseits der wichtigen Handelsstraßen gelegen, diente der vergleichsweise „schnelle" Rennsteig Händlern und sogenannten Buckelapothekern als Reiseroute, die Naturmedizin aus dem Thüringer Wald in die ganze Welt trugen. Er war aber auch Grenzweg zwischen den vielen Kleinstaaten der Region. Rund 1300 Grenzsteine – teils mit Wappen geschmückt –

Den Rennsteig markiert ein weißes „R“ an Bäumen und Steinen
und auch ein blaues Andreaskreuz auf weißem Grund

Die Ruhe und Schönheit der Natur genießen –
am Rennsteig nahe Hohe Sonne

Bei Schmiedefeld lädt der Bahnhof Rennsteig Wanderer zur Rast ein

Auf der ersten Rennsteigetappe liegt Hohe Sonne – und weiter geht es bis zum Großen Inselsberg

Seit dem Mittelalter wird über den Rennsteig berichtet – er ist aber wohl schon viel älter. Sein Name deutet darauf hin, dass der Rennsteig ein schmaler Laufweg und nicht zu befahren war.

erinnern daran. Touristisch wurde der Rennsteig erst gegen Ende des 19. Jahrhunderts erschlossen. Seit einigen Jahren gibt es auch einen Rennsteig-Radweg, der in Teilen parallel zum Wanderweg verläuft. Ein Höhepunkt der Saison ist seit den 1970er-Jahren der GuthMuths-Rennsteiglauf, an dem mittlerweile mehr als 15 000 Läufer, Nordic Walker und Wanderer teilnehmen.

Trotz seiner Popularität gab es auch immer Kritik am Rennsteig: Er biete zu wenig Aussichten über die Landschaft; er lasse die Sehenswürdigkeiten der Region links liegen; er verlaufe überwiegend im dunklen Fichtenwald, teil weise auch zu sehr in Straßennähe. In einem groß angelegten Projekt wurde die Route daher in den letzten Jahren aufgewertet. So richtete man neue Aussichtspunkte ein, zum Beispiel im außer Dienst gestellten Fernmeldeturm auf dem 916 Meter hohen Inselsberg, von dem man jetzt einen schönen Rundumblick auf Rhön, Thüringer Wald, Hohen Meißner, Hainich und sogar Brocken genießt.

Mehr als 45 „Rennsteigleitern“ – neu beschilderte Querwander- und Zuwege – verbinden den Höhenweg mit nahe gelegenen Orten und Sehenswürdigkeiten in den Seitentälern. In sechs Gemeinden wurden „Rennsteighäuser“ eröffnet, in denen man sich ausruhen, umziehen, die eine oder andere Reparatur durchführen und mittlerweile auch den Akku seines E-Bikes aufladen kann.

Bedrohtes Winterwunderland

Jeden Winter verwandeln sich diese Rennsteighäuser in Basislager für Skiläufer, in denen sie sich aufwärmen, ausruhen oder die Ski wachsen können. Das weiße „R“, das den Rennsteig markiert, dient dann als Wegweiser für die Langläufer, die auf der wohl längsten Loipe Europas unterwegs sind: Knapp 150 Kilometer der Strecke werden dafür präpariert.

Die Chancen stehen nicht schlecht, dass man unterwegs einem Olympiasieger oder Weltmeister beim Training begegnet: Schon 1905 wurden im 830 Meter hoch gelegenen Oberhof die ersten offiziellen Skiwettkämpfe ausgetragen, zwei Jahre später die erste Deutsche Meisterschaft im Fünfer-Bob – Beginn einer Tradition, die bis heute Bestand hat, denn es werden regelmäßig Weltcups im Biathlon, Bobfahren, Skispringen, Langlauf, Rennrodeln und in der Nordischen Kombination veranstaltet.

Die Wintersportanlagen sind dabei nicht exklusiv den Profis vorbehalten: Auch Besucher dürfen sich beim Biathlon-

Bei Oberhof geht es für Langläufer auch schon einmal über eine Loipenbrücke (oben).
Zum Thüringer Winter gehört eine Pferdeschlittentour – hier am Grenzadler bei Oberhof (Mitte)

Gut geschützt zu Tal geht es für alle, die einmal den Temporausch im Eiskanal erleben wollen

Zur Wintersaison von Oberhof gehört auch die Deutsche Jugendmeisterschaft im Skilanglauf

Wer dem Trubel entkommen möchte, stapft über knirschenden Schnee in die Einsamkeit und Stille der Wälder.

Schießen versuchen, als Beifahrer durch den Eiskanal der Bobbahn rasen und sogar einen Skisprung von der Schanze in Steinach wagen – gesichert an Seilen. Wenn der Schnee einmal ausbleibt, kann man auf die DKB-Skisporthalle ausweichen und dort auf Kunstschnee über zwei Kilometer seine Schleifen ziehen.

In Zukunft könnte das öfter passieren: „In den zurückliegenden 20 Jahren [hat sich] gezeigt, dass die Schneesicherheit abnimmt. Dieser Trend wird sich unter dem Einfluss des Klimawandels wahrscheinlich fortsetzen", heißt es in einer von der Thüringer Landesregierung in Auftrag gegebenen Studie zum Klimawandel. Demnach ist damit zu rechnen, dass nicht nur die jährlich fallende Schneemenge sinkt, sondern auch die Wahrscheinlichkeit, dass der Schnee dauerhaft liegen bleibt.

Viele Gemeinden rüsten sich deshalb mit neuen Angeboten. So haben Steinach und Oberhof Bikeparks eingerichtet, in denen die Liftanlagen ganzjährig den Mountainbikern zur Verfügung stehen. In den schneesicheren Hochlagen wird dagegen der Winterbetrieb weitergehen. Wer dem Trubel dort entkommen möchte, schnallt sich einfach Schneeschuhe um und stapft über knirschenden Schnee in die Einsamkeit und Stille der Wälder.

LUTHERLAND THÜRINGEN

Ewig aktueller Reformator

Vor 500 Jahren begann die Reformation mit Martin Luthers Thesen zum Ablass. Seine wesentliche Prägung erhielt der Reformator in Thüringen. Während der Lutherdekade wurde an diese Epoche erinnert, die nicht nur die Kirche veränderte, sondern auch politische, gesellschaftliche und kulturelle Umbrüche nach sich zog. Für den Tourismus in Thüringen war das Jubiläum ein Erfolg.

Auf der Wartburg ist die Lutherstube zu besichtigen, in der der Reformator einst das Neue Testament übersetzte

Sie kommen aus Tansania und Japan, aus Korea, Italien und den USA: Lutherfans und Priestergruppen pilgern in Scharen ins Augustinerkloster nach Erfurt. „Manchmal stellen sie sogar Szenen aus seinem Leben nach", sagt Kurator Carsten Fromm. Manche haben Tränen in den Augen, andere legen sich in der Kirche mit ausgebreiteten Armen auf den Boden – genauso wie Martin Luther bei seiner Aufnahme als Mönch 1506.

Der Reformator bewegt Menschen weltweit. Und dies umso mehr, als sich 2017 zum 500. Mal der Tag jährte, an dem er in Wittenberg 95 Thesen gegen den Ablass veröffentlichte – der Paukenschlag, der die Reformation einleitete.

Dem Jubiläum voraus ging die Lutherdekade mit acht Themenjahren zu den Umwälzungen dieser Epoche, zum Beispiel die Entstehung eines neuen Freiheitsbegriffes, die Bedeutung von Musik und Gesang im Gottesdienst oder die Veränderungen durch den Buchdruck und die Verbreitung der Bibel. Auch die Schattenseiten der Reformation, die Themen Glaubenskriege und Intoleranz, blieben dabei nicht außen vor.

Luthers Leben

Neben Sachsen-Anhalt steht Thüringen im Zentrum der kulturellen und kirchlichen Erinnerung. Hier verbrachte Luther entscheidende Phasen seines Lebens, angefangen bei der Schulzeit in Eisenach bis hin zu den Monaten als „Junker Jörg" auf der Wartburg, wo er 1521 in wenigen Wochen das Neue Testament ins Deutsche übersetzte. Als biografischer Schlüsselmoment gilt sein Eintritt ins Augustinerkloster am 17. Juli 1505. „Hilf du, Heilige Anna, ich will ein Mönch werden!" – dieses Gelübde hatte er in einer dramatischen Gewitternacht gesprochen. Zwei Wochen später tauschte er sein Studenten-

Zu den vielbesuchten Lutherstätten gehören das Augustinerkloster in Erfurt (oben und unten) und das Lutherhaus in Eisenach (Mitte)

leben gegen die strengen Regeln des Bettelordens ein. Im Erfurter Augustinerkloster wurde er zum großen Teil geprägt.

Lutherland Thüringen …

… entdecken und entwickeln" – diese Aufgabe stellte sich die Thüringer Landesregierung 2011. „Dabei geht es um die Frage, welche Folgewirkungen die Reformation in Politik, Kultur und Gesellschaft heute noch hat", sagt Dr. Thomas A. Seidel, damals „Reformationsbeauftragter" des Bundeslandes. Thüringen investierte rund 65 Millionen Euro in die Vorbereitung des Jubiläums, die Mittel flossen in Kulturförderung, Wissenschaft, Infrastruktur und Tourismus – vor allem aber in den Denkmalschutz: Überall im Land wurden Sanierungsmaßnahmen durchgeführt, zum Beispiel in der Wartburg und im Erfurter Augustinerkloster sowie in den Lutherhäusern in Eisenach und Neustadt an der Orla.

Die Reformation geht weiter

Rund 420 Millionen Protestanten gibt es weltweit. Aufgrund der weltgeschichtlichen Bedeutung der Reformation wollten Kirche und Land vermehrt Besucher aus dem Ausland anziehen. Internationale Gäste sollten nicht nur nach Neuschwanstein und Rothenburg, sondern auch nach Erfurt und auf die Wartburg reisen. „Zum ersten Mal wurde der Begriff ‚Lutherland Thüringen' als ‚Luther Country' überall in der Welt millionenfach bekannt gemacht", sagt der ehemalige Reformationsbeauftragte.

Tatsächlich wuchs die Zahl der ausländischen Gäste im Jubiläumsjahr 2017 rasant um fast zehn Prozent, aus den USA sogar um mehr als ein Drittel. Als besonders nachhaltiges Ergebnis der Dekade gilt der Lutherweg, der über mehr als 1000 Kilometer die Wirkungsstätten der Reformation miteinander verbindet.

Und schließlich geht die Reformation weiter, denn der Anschlag der Thesen bildete nur den Auftakt zu einem längeren Prozess. So wird Eisenach 2021 bestimmt 500 Jahre Bibelübersetzung feiern. Und auch die begonnenen Projekte in der Reformationsforschung und die Annäherung der katholischen und evangelischen Kirche haben durch das Jubiläum viele Impulse erhalten.

Informationen

Weitere Informationen unter
www.lutherland-thueringen.de
www.wegezuluther.de
www.luther-stiftung.org

EISENACH
ERFURT
WEIMAR
GOTHA
ARNSTADT
ILMENAU
RUDOLSTADT
SAALFELD/Saale
SUHL
Meiningen
Schmalkalden
Bad Salzungen
Hildburghausen
Schleusingen
Zella-Mehlis
Oberhof
Bad Blankenburg
Sonneberg
Lauscha
Eisfeld
Mellrichstadt
Thüringer Wald
Naturpark
Rhön
Maßstab 1:360.000

Thüringens grünes Meer

Wandern und Radfahren, Skilaufen und Klettern: Der Thüringer Wald ist für Outdoor-Aktivitäten bestens geeignet – auch jenseits des berühmten Rennsteigs. Überall in den Dörfern ist noch das traditionelle Handwerk präsent: Glasbläserei, Schieferproduktion, Spielzeugherstellung.

1 Eisenach

Die Wartburg ist der größte Anziehungspunkt Eisenachs (42 600 Einw.). 1521/1522 übersetzte Luther hier das Neue Testament ins Deutsche, 1685 wurde Johann Sebastian Bach in Eisenach geboren. 1817 traf sich die deutsche Burschenschaft zum Wartburgfest. Ende des 19. Jh. entwickelte sich Eisenach zum Automobilstandort – Stichworte BMW und „Wartburg"; seit 1990 produziert Opel hier Fahrzeuge. Mit den Wirkungsstätten von Luther, Bach und Wagner gehört die Stadt zu den bedeutendsten Attraktionen in Thüringen.

SEHENSWERT

Am Karlsplatz blieb das **Nikolaitor** (um 1170) erhalten. Es grenzt an die **Nikolaikirche** (1180) eines einstigen Klosters. Auf dem Platz steht auch das **Lutherdenkmal** (1895). Am Markt befindet sich das **Lutherhaus** (15. Jh.) – mit der mehrfach ausgezeichneten Dauerausstellung „Luther und die Bibel" (Lutherplatz 8, Tel. 03691 298 30, www.luther haus-eisenach.de; April–Okt. tgl. 10.00–17.00, sonst Di.–So. 10.00 bis 17.00 Uhr). In der **Georgenkirche** (12. Jh) nördl. um die Ecke wurde die hl. Elisabeth vermählt, predigte Luther und wurde Bach getauft (April–Okt. Mo.–Sa. 10.00–12.30 und 14.00 bis 17.00 Uhr). Das **Rathaus** residiert seit 1596 ein paar Schritte weiter in einem barockisierten Renaissancegebäude. Gegenüber liegt das barocke **Stadtschloss** aus dem 18. Jh., das heute als Thüringer Museum dient.
Die **Wartburg** TOPZIEL (gegr. 1067, 14. und 15. Jh.) ist seit 1999 Welterbestätte. Im 18. Jh. verfiel sie zur Ruine, ab Mitte des 19. Jh. wurde sie neu errichtet. Bei Führungen erlebt man die wichtigsten Räume mit Fresken des Romantikmalers Moritz von Schwind (1854/1855), Sängersaal und Lutherstube (Tel. 03691 25 00, www. wartburg-eisenach.de; April–Okt. tgl. 8.30–20.00, letzte Führung 17.00, Nov. bis März tgl. 9.00–17.00, letzte Führung 15.30 Uhr; Burgcafé).

MUSEEN

Das **Reuter-Wagner-Museum** zeigt Privaträume des Dichters Fritz Reuter und eine Richard-Wagner-Ausstellung (Reuterweg 2, Tel. 03691 74 32 93; Mi.–So. 11.00–17.00 Uhr). Das **Bachhaus** (um 1400; Museum seit 1907) dokumentiert das Leben und Werk von Johann Sebastian Bach (1685–1750); im modernen Anbau ist sein Schaffen multimedial zu erleben; Konzerte auf historischen Instrumenten (Frauenplan 21, Tel. 03691 79 34 0, www.bachhaus.de; tgl. 10.00–18.00 Uhr). Die **Automobile Welt Eisenach** zeigt Exponate aus 100 Jahren Automobilbau (Friedrich-Naumann-Straße 10, www. awe-stiftung.de; April–Okt. Di.–So. 10.00–18.00, sonst Di.–So. 11.00–17.00 Uhr). **Mittelalterliche Kunst in Thüringen** wird in der Predigerkirche (13. Jh.) ausgestellt (Predigerplatz, Tel. 03691 78 46 78, Mi.-So. 10.00–13.00 Uhr). Das **Thüringer Museum** präsentiert Kunsthandwerkliches (Stadtschloss, Markt 24, Tel. 03691 67 04 50; Mi.–So. 10.00–17.00 Uhr).

Automobile Welt: Wartburg Camping von 1959 (links). Blick vom Bergfried auf die Wartburg (rechts)

VERANSTALTUNGEN

Auf der Wartburg finden regelmäßig **Konzerte** statt. Drei Wochen vor Ostern das Volksfest **Sommergewinn** mit Festumzug (www.sommer gewinnszunft.de), im März/April die **Thüringer Bachwochen** (www.thueringer-bachwochen. de), ab Ende Nov.der **Weihnachtsmarkt**.

HOTEL UND RESTAURANT

Auf eine über 100-jährige Tradition blickt das **€ € € € / € € € Romantik Hotel auf der Wartburg** zurück. In der **Landgrafenstube** serviert man historische Menüs (Auf der Wartburg 2, 99817 Eisenach, Tel. 03691 79 70, www. wartburghotel.de).

UMGEBUNG

Die **Drachenschlucht** ist an der engsten Stelle nur knapp 70 cm breit (5 km südl.). Die mittelalterliche **Creuzburg** (Urspr. 1170) hat ein Burgmuseum mit Elisabeth-Kemenate (10 km nördl.; www.burg-creuzburg.de). In der Kurstadt **Friedrichroda** ist das Besucherbergwerk Marienglashöhle mit der Kristallgrotte zu besuchen (30 km südöstl.; Tel. 03623 31 16 67, www.marienglashoehle-friedrichroda.de; April bis Okt. tgl. 10.00–17.00 Uhr, sonst kürzer).

INFORMATION

Tourist-Information, Markt 24, 99817 Eisenach, Tel. 03691 792 30, www.eisenach.info

2 Bad Salzungen

Angeblich nutzten schon die Kelten die Solevorkommen der Region, der Kurbetrieb der Stadt (15 700 Einw.) begann Anfang des 19. Jh., heute gibt es die moderne „Solewelt".

SEHENSWERT
Mittelpunkt der Kuranlagen sind das **Gradierwerk** (1797; tgl. 8.00–19.00 Uhr) und das rekonstruierte **Kurhaus** im hennebergisch-fränkischen Fachwerkstil. Das **Museum am Gradierwerk** informiert über die Salzgewinnung (An den Gradierhäusern 4, Tel. 03695 69 34 71, http://gradierwerk-badsalzungen.de; tgl. 10.00–17.00 Uhr).

ERLEBEN
Eine Badelandschaft bietet die **Solewelt** (Am Flößrasen 1, Tel. 03695 69 34 0 www.solewelt.de; Mo.–Sa. 10.30–22.00, So. 9.30–21.00 Uhr).

UMGEBUNG
Im **Erlebnis Bergwerk Merkers** TOPZIEL werden Besucher durch ein unterirdisches Labyrinth gefahren (9 km westl.; Zufahrtstraße 1, Tel. 03695 61 41 01, www.erlebnisbergwerk.de; Führungen April–Okt. Di.–Sa. 9.30 und 13.30, So. 10.30 Uhr, Nov.–März So. geschl.).
Schmalkalden TOPZIEL (19 100 Einw.), die Gründungsstadt des gleichnamigen Bundes protestantischer Fürsten und Städte (1531), ist bekannt für ihr Fachwerk, das fast die ganze Altstadt auszeichnet (14.–18. Jh.). Die Stadtkirche St. Georg (1509) gilt als schöner spätgotischer Bau. Das Renaissance-Schloss Wilhelmsburg (1590) mit Festsälen liegt über der Stadt; eine neue Dauerausstellung im Schlossmuseum widmet sich dem Schmalkaldischen Bund (Schlossberg 9, Tel, 03683 40 31 86, www.museumwilhelmsburg.de; April–Okt. tgl. 10.00 bis 18.00 Uhr, sonst Di.–So. 10.00–16.00 Uhr).

INFORMATION
Tourist-Information, An den Gradierhäusern 4, 36433 Bad Salzungen, Tel. 03695 69 34 20, www.tourismus-badsalzungen.de
Tourist-Information, Auer Gasse 6–8, 98574 Schmalkalden, Tel. 03683 609 75 80, www.schmalkalden.com

Tipp

Selber Glas blasen

Der Brenner faucht, ein Feuerstrahl hüllt den Glaskolben ein. Der Glasbläser dreht den dünnen Kolben, bläst hinein, dreht wieder. Nur mit jahrelanger Erfahrung schaffen die Glasbläser ihre Kunstwerke. In Lauscha dürfen auch Besucher kreativ werden: In der Manufaktur Greiner-Mai kann man selbst Baumkugeln blasen und bemalen. In der Farbglashütte lernt man Kugeln oder Krippenfiguren zu bemalen und den Weihnachtsbaum dekorativ zu schmücken.

Greiner-Mai GmbH, Am Herrenberg 7c, Neuhaus am Rennweg, Tel. 03679 72 51 94, www.glas-christbaumschmuck.com;
Farbglashütte s. Lauscha

Kristallene Welten im Erlebnis Bergwerk Merkers (oben). Generationenübergreifend aktiv beim Glasblasen (rechts)

3 Meiningen

Erstmals 982 erwähnt, entwickelte sich Meiningen (21 200 Einw.) ab Ende des 18. Jh. zur Theaterstadt – diese Tradition blieb lebendig.

SEHENSWERT
Die 50 m hohen Türme der **Stadtkirche** (Urspr. um 1000) dominieren den Marktplatz. **Schloss Elisabethenburg** wurde bis 1692 als Barockanlage erbaut. Das **Museum im Schloss** umfasst Musik-, Theater- und Regionalgeschichte (Schlossplatz 1, Tel. 03693 50 36 41, www.meiningermuseen.de; Di.–So. 10.00–18.00 Uhr). Im Theatermuseum „Zauberwelt der Kulisse" werden Präsentationen gezeigt (Schlossplatz 2, Di.–So. 10.00, 12.00, 14.00 und 16.00 Uhr).

ERLEBEN
Das **Meininger Theater** (1909) gibt Oper, Operette, Schauspiel, Konzert und Ballett (Bernhardstraße 5, www.das-meininger-theater.de).

UMGEBUNG
In Themar liegt **Kloster Veßra** (Urspr. 1131) mit dem Hennebergischen Museum (25 km südöstl.; www.museumklostervessra.de; Mai–Sept. tgl. 9.00–18.00, sonst Di.–So. 10.00–17.00 Uhr).

INFORMATION
Tourist-Information, Ernestinerstraße 2, 98617 Meiningen, Tel. 03693 446 50, www.meiningen.de

4 Suhl

Waffenherstellung kennzeichnet Suhl (35 600 Einw.) seit dem späten Mittelalter – am Markt erinnert daran das Denkmal eines Waffenschmieds. Der Kontrast zwischen historischer und DDR-Architektur prägt das Zentrum.

MUSEUM
Das **Waffenmuseum** (17. Jh.) zeigt historische Militär-, Jagd- und Sportwaffen (Friedrich-König-Straße 19, Tel. 03681 74 22 18, www.waffenmuseumsuhl.de; Di.–So. 10.00–18.00 Uhr).

UMGEBUNG
Das Biosphärenreservat **Vessertal** reizt zur Blumenblüte und Blaubeerernte (15 km östl.; www.biosphaerenreservat-vessertal.de).
Oberhof (16 km nördl.) ist das Zentrum des Thüringer Wintersports mit Pisten für Abfahrtslauf, Langlaufloipen, Biathlonschießen, Gästefahrten auf der Bobbahn und eigener Skihalle.

INFORMATION
Tourist Information, Friedrich-König-Straße 7, 98527 Suhl, Tel. 03681 78 84 05, www.suhl-tourismus.de
Oberhof-Information, Crawinkler Straße 2, 98559 Oberhof, Tel. 036842 26 90, www.oberhof.de

5 Arnstadt

Bereits 704 erwähnt, schrieb Arnstadt (Stadtrecht 13. Jh.; 24 300 Einw.) Geschichte als Heimat der Bach-Familie. Herausragend ist zudem das Puppenmuseum Mon Plaisir.

SEHENSWERT
Die **Liebfrauenkirche** (um 1200) geht auf Romanik und Gotik zurück. Am Markt beeindrucken das Renaissance-**Rathaus** (16. Jh.) und die Arkaden der Tuchmachergaden (16. Jh.). Das barocke Neue Palais (1735) beherbergt das **Schlossmuseum** mit Porzellan, Gemälden und Bildteppichen, der Puppenausstellung „Mon Plaisir" und der Ausstellung „Bach in Arnstadt" (Schlossplatz 1, www.kulturbetrieb-arnstadt.de; Di.–So 9.30–16.30 Uhr).

UMGEBUNG
Im **Deutschen Bratwurstmuseum** wird auch gegrillt (5 km westl.; Bratwurstweg 1, Amt Wachsenburg, www.bratwurstmuseum.net; April–Okt. Di.–So. 11.00–18.00 Uhr).
„Goethe war hier!" heißt es fast überall in der kleinen Universitätsstadt **Ilmenau** (25 900 Einw.; 25 km südl.). Ein Wanderweg führt zu den Wirkungsstätten des Dichters, der am Rathaus mit Renaissance-Portal (1786) und dem barocken

Amtshaus (1752) beginnt. Das Goethe-Stadt-Museum dokumentiert dessen Wirken als Dichter, Staatsbeamter und Naturforscher (Am Markt 1; Di.–So. 10.00–17.00 Uhr).
Auf dem **Kickelhahn** (7 km südw. Ilmenaus) steht die Nachbildung der Jagdhütte (1874), in der Goethe dichtete. Das Jagdhaus **Gabelbach** dokumentiert Goethes naturwissenschaftliche Studien (5 km südw. Ilmenaus; April–Okt. Di. bis So. 10.00–17.00, sonst Di.–So. 10.00–16.00 Uhr).

INFORMATION
Tourist-Information, Markt 1, 99310 Arnstadt, Tel. 03628 60 20 49, www.arnstadt.de
Ilmenau-Information, Am Markt 1, 98693 Ilmenau, Tel. 03677 60 03 00, www.ilmenau.de

6 Lauscha

Die Region um Lauscha und Neuhaus am Rennweg ist für Glasproduktion bekannt. Viele Häuser in Lauscha (3400 Einw.) – seit 1597 wird Glas hergestellt – sind wie für die Gegend einst typisch noch mit Schieferplatten verkleidet.

SEHENSWERT
Die **Farbglashütte** bietet eine Erlebnistour (Straße des Friedens 46, www.farbglashuette-lauscha.de; Mo.–Sa. 10.00–17.00, So. 11.00 bis 17.00 Uhr; angeschlossen ist das **Museum für Glaskunst** (www.glasmuseum-lauscha.de; Di.–Sa. 12.00–17.00, So. 11.00–17.00 Uhr).

HOTEL UND RESTAURANT
Das **€ € / € Hotel Schieferhof** bietet gemütliches Ambiente und ein Restaurant mit neu interpretierter Thüringer Küche (Eisfelder Straße 26, 98724 Neuhaus am Rennweg, Tel. 03679 77 40, www.schieferhof.de).

UMGEBUNG
In **Neuhaus am Rennweg** (5 km nördl.) steht eine Holzkirche (1892) mit Schnitzereien. Einen besonders großen Marktplatz besitzt **Steinach** (5 km südl.); das dortige Deutsche Schiefermuseum dokumentiert die Geschichte der Griffelproduktion (Dr.-Max-Volk-Straße 21, www.steinach-thueringen.de; Di.–Fr. 13.00–17.00 Uhr). Die **Skiarena Silbersattel** gilt als das größte Skigebiet Thüringens (www.silbersattel.de), im Sommer lockt hier der Bikepark (www.thueringen-alpin.de).
Auch **Kleintettau** (19 km östl.) gibt Einblicke in die Glaswelt: im Europäischen Flakonglasmuseum mit Schwerpunkt Parfümpräsentation (Glashüttenplatz 1, www.flakonglasmuseum.eu; Mo.–Fr. 8.00–17.00, Sa. 10.00–16.00 Uhr).
Der Holzreichtum der Region begünstigte auch die Spielzeugindustrie in **Sonneberg** (23 800 Einw.; südl.) mit einer Spielmeile durch die Stadt und dem Deutschen Spielzeugmuseum (Beethovenstraße 10, www.deutschesspielzeugmuseum.de; Di.–So. und Fei.10.00–17.00 Uhr).

INFORMATION
Tourist-Information, Straße des Friedens 46, 98724 Lauscha, Tel. 036702 229 44, www.lauscha.de

Genießen Erleben Erfahren

DuMont Aktiv

Auf dem Rennsteig rollern

Zu Fuß auf den Gipfel, auf rasanten Rädern zurück: Der Mountain Skyver ist das wohl ungewöhnlichste Sportgerät, mit dem man den Thüringer Wald erobern kann – halb Mountainbike, halb Roller, passt es bequem in einen Rucksack.

Lupinen blühen, Margeriten und Glockenblumen nicken im Wind. Drei Wanderer mit identischen Rucksäcken, aus denen Fahrradgriffe ragen, steigen den Pfad bergan. Neben ihnen fegen Mountainbiker die steile Piste herab und springen halsbrecherisch über Schanzen – jeden Sommer verwandelt sich die Skiarena Silbersattel in ein Revier für sportliche Outdoor-Aktivitäten. Die ungewöhnlichste Idee heißt MountainSkyver: je nach Betrachtungsweise ein Mountainbike, bei dem man Sattel und Pedale vergessen hat, oder ein Roller mit Geländereifen. Zusammengeklappt passt das Gerät in einen Rucksack. Bald ist der Gipfel erreicht, die Wanderer schnallen die Rucksäcke ab. Mit wenigen Handgriffen macht der Guide die Roller fahrbereit: Rad nach hinten klappen, Feder einrasten und zuschrauben, Vorderrad auspacken, Schnellspanner festziehen, Tritthöhe einstellen.

Ein kurzer Bremsentest, dann schwingen sich alle auf die MountainSkyver. Anfangs möchte man sich noch instinktiv auf den nicht vorhandenen Sattel setzen. „Leicht in die Knie gehen und einfach rollen lassen", ruft der Experte den zögerlichen Gästen zu, doch bald werden alle sicherer. Rasant geht es über weiche Waldwege, vorbei an erstaunten Wanderern – die müssen ohne Hilfsmittel absteigen, mit ächzenden Knien.

Weitere Informationen

Das „Outdoor Inn Sporthotel" in Steinach (Adresse s. Lauscha) verleiht Mountain-Skyver und bietet geführte Touren. Möglich sind auch Routen in Kombination mit Lift und/oder Bahn (Tel. 03675 40 68 04, www.outdoor-inn.de).

Im Land der Residenzen

Altenburg, Gera, Greiz: Im Osten Thüringens trieb die Kleinstaaterei mit zahlreichen fürstlichen Residenzen ihre Blüten. Führende Metropole ist Jena, Industriestadt und Wissenschaftsstandort. Die Geschichte des Porzellans wird auf der Leuchtenburg in einer originellen Ausstellung vermittelt. In der Otto-Dix-Stadt Gera kann man in ein unterirdisches Höhlensystem abtauchen. „Gut Blatt“ heißt es dagegen in Altenburg, der Hauptstadt des Kartenspiels.

Gera blieben vergleichsweise wenig historische Bauten – die Orangerie am Küchengarten gehört dazu

Greizer: das wuchtig-wehrhafte Obere Schloss und das klassizistische Untere Schloss (oben). Zu den Dornburger Schlössern gehört auch diese reizende Rokokoanlage (unten links). Früh übt sich: Tanzfest vor Geras Orangerie (Mitte rechts)

Von 1797 bis 1799 lebte Schiller mit seiner Familie in Jena in diesem Gartenhaus

Weit reicht der Blick nach Süden: „Skywalk" der Leuchtenburg, von dem man seine auf einem Porzellanteller notierten Wünsche in die Welt hinaus werfen kann

Die Ausstellung der „Porzellanwelten" reicht von den zarten Kostbarkeiten Altchinas bis zu den Hochleistungskeramiken des 21. Jahrhunderts

Ein kurzer Sturzflug, dann landet der Teller klirrend in der Tiefe: Scherben bringen Glück. Im Museum „Porzellanwelten" auf der Leuchtenburg bei Jena darf man einen Teller mit einem Wunsch beschriften und ihn dann vom „Skywalk" werfen, einem Steg aus Glas und Stahl, der über den Abgrund ragt. Mittelalter und Moderne vermischen sich auf perfekte Weise in dieser Anlage aus dem 12. Jahrhundert: Historische Mauern grenzen an moderne Bauten aus Beton und Glas, in denen sich alles um das „Weiße Gold" dreht.

Thüringen blickt zurück auf eine 250-jährige Porzellantradition. Lange hatte man nach der richtigen Rezeptur gesucht, hatte es mit Eierschalen, Quarzkristallen oder Porzellanmuscheln probiert. „Man raspele das Horn eines Einhorns bei Mitternacht im Vollmondschein", heißt es im Rezept eines unbekannten Verfassers. Nachdem Georg Heinrich Macheleid 1760 die richtige Zusammensetzung aus Kaolin, Feldspat und Quarz rekonstruiert hatte, schossen allerdings an die 300 Manufakturen aus dem Boden. Sie produzierten nicht nur feinstes und kostbares Tischporzellan für die Höfe der Könige und Fürsten, sondern auch Gegenstände für den Alltag, Puppenköpfe und Isolatoren für die aufkommende Elektrifizierung.

Das Konzept der „Porzellanwelten" war 2016 für den Europäischen Museumspreis nominiert worden – den „Oscar" in der Branche: keine Parade von Vitrinen mit verstaubtem Geschirr, sondern ein Museum zum Mitmachen, zum Beispiel am Brennofen mit Blasebalg – Fehlversuche landen klirrend im „Raum des Scheiterns". Die mit acht Metern Höhe größte Vase der Welt ist hier zu sehen und die kleinste Teekanne, mit einer Tülle von nicht einmal einem Millimeter Durchmesser. Jüngste Attraktion ist die zur „Porzellankirche" umgebaute Burgkapelle - mit einem Lamellenvorhang aus weißem Porzellan.

Nach einer jahrelangen Durststrecke erlebt Porzellan ein beeindruckendes Revival. 40 Hersteller gibt es in Thüringen noch, sie bieten alles vom klassischen Zwiebelmuster über Bauhaus-Design bis hin zu den skurril-frivolen Figuren der Porzellanbildhauerin Kati Zorn. Auch Designerin Stefanie Hering lässt hier produzieren. Sogar Königshäuser bestellen bei ihr – ganz wie zu Zeiten Georg Heinrich Macheleids.

In den Bierkellern von Gera

Ebenfalls aus drei Zutaten bestand im Mittelalter das Alltagsgetränk der Geraer: aus Hopfen, Malz, Hefe – und natürlich Wasser. Weil das Brunnenwasser der

Auf der Leuchtenburg südlich von Jena ist die interaktive Ausstellung Porzellanwelten zu finden (oben links). Jena ist seit 1558 Wissenschaftsstandort: Campus der Friedrich-Schiller-Universität (oben rechts). Hier spiegelt sich Jenas Stadtkirche St. Michael (unten links). Goethe veranlasste einst die Umgestaltung des fürstlichen Lustgartens in Jenas heutigen Botanischen Garten (unten rechts)

Auf Jenas Marktplatz mit dem mächtigen Rathaus steht seit 1858 der „Hanfried" in Erinnerung an Johann Friedrich I. von Sachsen, den Universitätsgründer

Stadt verschmutzt und nicht recht trinkbar war, hatte man ganz pragmatisch Bier zum Hauptnahrungsmittel erklärt. „Niemandt magk brauen noch schencken, er sey dan ein burger oder burgerin und hab ein eigen haus", heißt es in Artikel 53 des Geraer Stadtrechts von 1487.

Das Brauprivileg war an die Bedingung geknüpft, die Stadt mit Bier zu versorgen. Und so begannen die wohlhabenden Bürger, Getreide anzubauen und Gerstensaft brauen zu lassen. Weil ihre Keller nicht kühl genug zum Lagern der Vorräte waren, gruben sie Höhlen in den harten Zechstein unter ihren Häusern, wo sie das Bier in beachtlichen 400-Liter-Fässern aufbewahrten.

Eine unscheinbare Tür unter dem Stadtmuseum führt in das unterirdische Labyrinth der „Höhler" – Ende der 1980er-Jahre hat ein Verein zehn Bierkeller museal erschlossen. Wasser tropft von den Decken, die Luft ist schwer beim Gang durch die niedrigen Stollen, der Atem dampft. Es geht wirr auf und ab – die Brauer gruben einst unkoordiniert in alle Richtungen. War ein Stockwerk besetzt, gingen sie einfach tiefer. So entstand im Laufe der Jahre ein zehn Kilometer langes Netz aus rund 230 Höhlen.

Der „Stadtplan" dazu sieht so chaotisch aus, als wäre ein Holzwurm am Werk gewesen. 1853 zählte man 221 private Bierhändler in der Stadt. „Die Kinder wurden damals mit Bier aufgezogen", sagt die Höhlenführerin. „Aber richtig betrunken war kaum jemand. Der Alkoholgehalt lag nur um ein Prozent."

Erst 1872 beendete die neu erstellte Reichsgewerbeordnung das private Brauen, die Höhler gerieten in Vergessenheit. Während des Zweiten Weltkriegs boten die Keller willkommenen Luftschutz, danach wurden die meisten zugeschüttet. Heute erleben sie ein kleines Comeback, nicht nur als Museum, sondern auch während der alle zwei Jahre stattfindenden Höhler-Biennale, auf der Künstler ihre Installationen präsentieren.

Im Schatten des Altenburger Rathauses auf dem Hauptmarkt lässt sich gut pausieren

In Altenburgs Schloss- und Spielkartenmuseum (links). Kunsthistorisches ist im Altenburger Lindenau-Museum zu sehen – hier der Skulpturensaal mit dem Museumscafé (rechts)

An der spätgotischen Geraer Marienkirche endet der Hofwiesenpark, der von der Weißen Elster flankiert wird

Heimat von Otto Dix

Gera blickt auch auf eine Kunsttradition zurück: nicht nur als Sitz des Lindenau-Museums, sondern auch als Geburtsstadt des Malers Otto Dix, der hier 1891 zur Welt kam. „Entweder ich werde berüchtigt – oder berühmt", soll er gesagt haben. Er wurde beides: gerühmt als einer der größten deutschen Maler des 20. Jahrhunderts; berüchtigt als Bürgerschreck wegen seiner abschreckenden Kriegsszenen und Bordellbilder.

Beim Spaziergang durch Gera findet man einige seiner frühen Motive wieder, zum Beispiel den idyllischen Ortsteil Untermhaus am Ufer der Weißen Elster, in dem sein Elternhaus steht – heute Otto-Dix-Museum. Er malte die kleine Kirche; einen alten Wohnturm, der schon damals so verfallen aussah wie heute; Pflanzen im fürstlichen Gewächshaus. Und den Weg hinauf zum Schloss der Reußen, das nicht weit von seinem Geburtshaus entfernt lag.

Dix' Volksschullehrer, der Ottos Talent schon früh erkannte und förderte, bat den Fürsten um ein Stipendium für seinen Schützling. Heinrich von Reuß stimmte zu – unter der Auflage, dass Dix erst ein Handwerk erlernen müsse. Der Künstler als Dekorationsmaler, das konnte nicht gut gehen: „Du wirst nie Maler, Du bleibst ein Schmierer", war das geflügelte Wort seines wohl wenig kunstsinnigen Lehrmeisters. Doch schließlich durfte Dix auf die Kunstgewerbeschule in Dresden.

Landschaftsgemälde wie in seiner frühen Geraer Zeit malte Dix immer wieder in seinem Leben, zum Beispiel während der inneren Emigration in der Zeit des Nationalsozialismus, als seine Kunst als „entartet" und „gemalte Wehrsabotage" verfemt war und Dix sofort seine Kunstprofessur verlor. Oder in der späten Phase seines Schaffens bis zu seinem Tod 1969 am Bodensee. Die Sammlung der Stadt umfasst rund 400 Werke ihres Ehrenbürgers. Zusätzlich sind im Otto-Dix-Haus Dauerleihgaben der Otto-Dix-Stiftung Vaduz zu sehen.

Vom Garten des Schillerhauses geht der Blick hinauf zur Rudolstadter Heidecksburg (oben links). Beim Festival TFF in der Rudolstadter Altstadt (oben rechts). Auf der Heidecksburg ist eine barocke Miniaturwelt zu sehen (unten links). Das um 1600 errichtete Schloss Kochberg wurde von Goethe sehr geschätzt, wohnte dort doch Charlotte von Stein. Die Klassik Stiftung Weimar betreut hier eine Goethe-Gedenkstätte (unten rechts)

Distanz ist hier nicht garantiert:
auf dem Adler- und Falkenhof der Burg Greifenstein über Bad Blankenburg

Im 18. und 19. Jahrhundert zeigte sich Rudolstadt als ein „Klein Weimar“, das Dichter und Gelehrte gleichermaßen zum Besuch animierte.

Hauptstadt der Kartenspieler

Gemalt wurde traditionell auch in Altenburg, allerdings in kleinerem Format: Schon vor gut 500 Jahren stellte man hier Spielkarten her – fast jeder Ort in der Region hatte seinen eigenen Kartenmacher. Vor der Erfindung von Kupferstich und Holzschnitt wurden die Karten noch in Handarbeit bemalt. Alle spielten damals: Bauern, Bürger, Adel. Selbst Goethe empfahl das Kartenspiel den „jungen Leuten, die sich in der Welt umtun wollen“.

Um das Jahr 1813 tauchte in einer Spielkladde in einem der Altenburger Salons plötzlich ein neuer Name auf: Scat. Die Männer hatten dafür einfach die Regeln mehrerer Spiele vermischt – als Clou kam später das Zahlenreizen dazu. Bald begab sich der Skat auf seinen Siegeszug durch die Salons und Gasthäuser Deutschlands gleichermaßen. In den Altenburger Gartenkneipen wird heute noch gespielt, das hiesige Internationale Skatgericht entscheidet über knifflige Streitfälle. Und im prächtigen Altenburger Schloss hat das älteste Spielkartenmuseum der Welt seinen Sitz.

Viele Skat-Accessoires findet man im Shop der Tourist-Info mit dem angeblich größten Spielkartensortiment im Land: Es gibt sie neu oder antiquarisch, mit deutschem, französischem oder sächsischem Bild, mit Eisenbahnen oder Bergmannstrachten bedruckt und in Großschrift als „Seniorenblatt“. „Was Erotisches ham wer ooch“, sagt die Dame hinterm Tresen und zeigt Spiele mit Pin-up-Fotos – beiderlei Geschlechts. Skat-Fans kaufen hier Skatwein, Skattassen, Skatschals.

Bevor man Altenburg verlässt – natürlich nur mit einem neuen Kartenspiel im Gepäck –, sollte man seine Karten noch „taufen“, standesgemäß im Skatbrunnen am Brühl. Vier bronzene Buben balgen sich hier über einem Schweinekopf, aus dem das heilige Skatwasser läuft. Einfach Karten drunter halten und um Spielglück bitten. Im Winter, wenn der Brunnen abgeschaltet ist, muss man improvisieren: Eine Taufe mit einem Skatschnaps ist dann zu empfehlen. Gut Blatt!

Festival an der Saale

Ebenso wie Altenburg und Gera war auch Rudolstadt eine Residenz: Die Grafen von Schwarzburg-Rudolstadt errichteten hier das prunkvolle Schloss Heidecksburg, das weithin sichtbar über dem Saaletal thront. Jedes Jahr am ersten Juli-Wochenende bildet es die Kulisse für das Tanz- & Folkfest Rudolstadt. Mit rund 300 Auftritten auf etwa 20 Bühnen gilt das TFF als größtes Festival für Folk- und Weltmusik in Deutschland. Seit 25 Jahren treffen sich hier die Etablierten

Seit 800 Jahren thront die Burg Ziegenrück strategisch günstig hoch über dem Saaletal

Seit über hundert Jahren sind die Saalfelder Feengrotten ein Schaubergwerk

Zu den Saalfeld Feengrotten gehört auch das Erlebnismuseum Grottoneum, das der Welt unter Tage gewidmet ist

Feenhaftes für die Kleinen: in den Saalfelder Feenweltchen

und die Neulinge der Weltmusik-Szene, Bands und Solisten von allen Kontinenten – doch die Wurzeln des Events reichen zurück bis ins Jahr 1955, als die DDR hier ein zunächst gesamtdeutsches Fest des deutschen Volkstanzes feierte. Später traten auch erfolgreiche Gruppen sozialistischer Bruderländer auf. Heute übertragen Radio- und Fernsehsender die Highlights.

Treppauf zur Heidecksburg, treppab zum Marktplatz oder über den Fluss in den Heine-Park: Überall ist das bunte Völkchen der Festivalgäste jeden Alters unterwegs. Die ganze Stadt wird zum Musikerlebnis: Tango, Blues und mongolische Obertongesänge, Roma-Musik und portugiesischer Fado, irische Fideln und westafrikanischer Mbalax, Indianer-Rock und A-capella-Gesang tibetischer Mönche – es gibt wohl keinen Musikstil, der hier in Rudolstadt noch nicht zu hören gewesen wäre.

Friedlich, entspannt, neugierig lauscht das Publikum. Man lässt sich durch die Straßen treiben und bleibt, wenn die Klänge gefallen. Andere toben sich im Tanzzelt zu Polka, Walzer oder Step Dance aus. Auch die Kinder feiern ihr eigenes Fest. Es ist fast ein wenig wie zu Zeiten der Fürsten, die sich Künstler aus ganz Europa auf die Schlösser holten, um ihre Gäste zu unterhalten.

Special

Bergbau in Thüringen

Das Erbe der Wismut

Zu DDR-Zeiten verwandelte der Uranbergbau die Region rund um Ronneburg in eine Mondlandschaft. Es blüht wieder rund um Ronneburg. Beim Blick vom „Entdeckerturm“ der Schmirchauer Höhe sieht man Wiesen, junge Bäume, Terrassen und ein kleines Flusstal – Resultat eines der größten Sanierungsvorhaben Europas. Kurz nach der Wende sah es hier noch anders aus: Der Tagebau Lichtenberg hatte ein zwei Kilometer langes Loch ins Land gefressen, der Abraum türmte sich in Spitzkegeln. Mehr als 50 Jahre lang bauten die Sowjetunion und die DDR in Ostthüringen und Sachsen Uran ab. Anfangs mussten tausende Arbeiter das Erz ohne Strahlenschutz mit Spitzhacke und Schaufel fördern, gegen Ende war die Wismut AG immerhin viertgrößter Uranproduzent der Welt.

Ronneburger Drachenschwanzbrücke

Seitdem wurde die zerstörte Landschaft aufwendig saniert, allein in Ronneburg bewegte man 120 Millionen Kubikmeter Abraum – Teil der „Neuen Landschaft Ronneburg“ für die Bundesgartenschau 2007. Wo einst die Bagger fuhren, spaziert oder radelt man heute über die längste Holzbrücke Europas. Und die Expertise der heutigen Wismut Gesellschaft als Saniererin ist international gefragt.

WIRTSCHAFTSPERSPEKTIVEN

Wirtschaftslokomotive Jena

Jena gilt als ein Motor der wirtschaftlichen Entwicklung in Thüringen. Carl Zeiss, Ernst Abbe und Otto Schott legten vor mehr als 100 Jahren den Grundstein für eine Erfolgsgeschichte, die bis heute Bestand hat. Daneben taten sich die Geschäftspartner aber auch durch ihr soziales Unternehmertum hervor.

Auf dem Campus der Friedrich-Schiller-Universität in Jena (oben)

Als der Mechaniker Carl Zeiss sich 1846 eine Werkstatt für mechanische und optische Instrumente einrichtete, war Jena ein verschlafenes kleines Städtchen. Zeiss' einfache Mikroskope wurden schnell zum Verkaufserfolg. Die Technik steckte jedoch noch in den Kinderschuhen: Zeiss nannte seine Methode „Pröbeln" – heute würde man „Trial and Error" dazu sagen. Dies änderte sich 1866, als der Unternehmer sich mit dem Physiker Ernst Abbe zusammenschloss, der das Pröbeln durch wissenschaftliche Berechnungen ersetzte, Grundlage für den enormen Erfolg der Geräte aus den schnell wachsenden Zeiss-Werken. 1882 stieß der Glaschemiker Otto Schott dazu, der hochwertige optische Gläser fertigte. Aus seiner Werkstatt stammt auch das berühmte hitzebeständige Jenaer Glas.

Barockes Prunkmikroskop (oben) und Endlosspiegel in Jenas Optischem Museum (links).

Nicht nur technisch Spitze

Zu den technischen Innovationen kamen für die damalige Zeit geradezu revolutionäre Sozialreformen. 1889 gründete Ernst Abbe zu Ehren seines kurz zuvor verstorbenen Geschäftspartners die Carl-Zeiss-Stiftung, in die er seine Anteile an den Firmen Zeiss und Schott einfließen ließ. Auch Otto Schott vererbte seine Anteile, sodass die Stiftung Alleineigentümerin der Unternehmen ist – bis heute. Mitarbeiter erhielten bezahlten Urlaub, Lohnfortzahlung im Krankheitsfall, es gab einen Pensionsfond, Mindestlohn und Kündigungsschutz. Auch der Acht-Stunden-Tag wurde eingeführt. Gewinne durften nur ins Unternehmen, in die Förderung der Wissenschaft und die Infrastruktur Jenas investiert werden – Grundlage für die hervorragende Ausstattung der Uni und die positive Entwicklung der Stadt.

Neue Zeiten

Nicht der Zweite Weltkrieg, sondern 40 Jahre DDR markierten die größte Zäsur: Die Zeiss- und Schott-Werke gingen als Volkseigene Betriebe in Staatsbesitz über – in der Bundesrepublik entstanden parallel Zweigunternehmen. Nach der Wende gelang es mit drastischen Einschnitten und geschickter Standortpolitik, an die Tradition anzuknüpfen. Erfolg versprechende Absolventen der Universität, Forscher und Investoren wurden gezielt angesprochen. Neue mittelständische Firmen entstanden als Ausgründungen von Zeiss Jena. Heute haben in Jena zahlreiche High-Tech-Unternehmen ihren Sitz, beschäftigen sich mit Optik und Photonik, Lasersystemen, Mess- und Medizintechnik, E-Commerce. Rund 4500 Wissenschaftler forschen an zwei Hochschulen und zahlreichen außeruniversitären Einrichtungen wie der Fraunhofer-Gesellschaft und dem Max-Planck-Institut. Jedes Jahr werden in Jena viermal so viele Patente angemeldet wie im deutschen Durchschnitt.

In jeder Weise Denkmal

Die Namen Carl Zeiss und Otto Schott genießen weltweit nach wie vor großes Ansehen, Ernst Abbe dagegen, auf den die meisten Sozialreformen zurückgehen, ist außerhalb Jenas kaum bekannt. Seine Mitarbeiter jedoch bedankten sich mit einem Denkmal: Der Bauhaus-Meister Henry van de Velde entwarf 1911 einen tempelartigen Pavillon im Herzen Jenas. Die Mittel dafür brachten allein die Arbeiter und Bewohner der Stadt auf.

Maßstab 1:350.000
WEIMAR
JENA
APOLDA
RUDOLSTADT
SAALFELD/Saale
Pößneck
GERA
ALTENBURG
ZWICKAU
Meerane
Crimmitschau
Werdau
Schmölln
Ronneburg
Eisenberg
Stadtroda
Kahla
Neustadt a.d.Orla
Zeulenroda-Triebes
Weida
GREIZ
Schleiz
PLAUEN
Reichenbach
Lengenfeld
Treuen
Rodewisch
Auerbach/Vogtl.
Falkenstein/Vogtland
Oelsnitz
Saalburg
Hirschberg
Bad Lobenstein
Lichtentanne
Kirchberg
Wilkau-Haßlau
Ludwigsstadt
Bad Blankenburg
Bad Berka
Blankenhain
Hermsdorf
Bad Klosterlausnitz
Bad Köstritz
Naturpark
Thüringer Schiefergebirge/Obere Saale
Thüringer Porzellanstr.
Klassikerstr.
Deutsche Alleenstraße
Reußische Fürstenstraße
Vogtland

Zwischen Saale und Pleiße

Das tiefe Tal der Saale mit seinen Stauseen trennt den Osten Thüringens vom Schiefergebirge. Schlösser und Burgen erinnern an früheren fürstlichen Prunk. Wissenschaft und optische Industrie prägten die Wirtschaftsmetropole Jena, wo berühmte Zeitgenossen ihre Spuren hinterließen.

1 Jena

Im 9. Jh. erwähnt, erwarb sich Jena (110300 Einw.) schon im Mittelalter Wohlstand – durch Weinbau, Waid, Hopfen und Bier. 1558 wurde die Universität gegründet, die Jena zu einem geistigen Zentrum in Deutschland machte – Goethe nannte es einen „Stapelplatz des Wissens und der Wissenschaften". Für Bekanntheit in aller Welt sorgte die feinmechanisch-optische Industrie. Auch zu DDR-Zeiten bildete Jena einen wichtigen Industriestandort. Mit rund 23000 Studenten befindet sich hier nach wie vor eine „Stadt der Wissenschaft", die man als Mischung aus Mittelalterlichem, historischer Industriearchitektur und modernen Bauten erlebt.

Wandererblick auf Jena (links). Jenas Einkaufsmeile Goethe-Galerie (rechts oben). Eigeninitiative in den Porzellanwelten (rechts unten)

SEHENSWERT

Am Marktplatz steht das **Rathaus** (14. Jh.) mit prägnanten Walmdächern und Turm, gegenüber das Fachwerkhaus **Alte Göhre** (um 1500), Sitz von Stadtmuseum und städtischer Kunstsammlung. Die Stadtkirche **St. Michael** (Urspr. 14./15. Jh.) beherbergt die Grabplatte Martin Luthers (Kirchplatz; Mai–Okt. Mo. 12.30–17.00, Di.–Sa. 10.00–17.00 Uhr, Führung Mai–Okt. Do. 15.00 Uhr); Turmbesteigung möglich. Nördl. erstreckt sich der 1794 von Goethe initiierte **Botanische Garten** (Fürstengraben 26; April bis Okt. tgl. 10.00–19.00, sonst 10.00–18.00 Uhr); die dortige **Goethe-Gedenkstätte** gilt seinem Wirken in der Naturwissenschaft (z.Zt. geschl.). Jenseits des Fürstengrabens sind mit dem Johannistor (15. Jh.) und dem Pulverturm (13./14. Jh.) noch **Reste der Stadtbefestigung** erhalten. Einen Kontrast dazu bildet der **Jen-Tower** (1972) mit phantastischem Blick von der Aussichtsplattform. Westl. schließt sich das ehem. Gelände des Zeiss-Hauptwerkes mit historischer Industriearchitektur an, daneben das Ernst-Abbe-Denkmal (1911, Carl-Zeiss-Platz). Die **Schiller-Gedenkstätte** befindet sich im Gartenhaus des Dichters (Schillergässchen 2; April–Okt. Di.–So. 11.00–17.00 Uhr).

MUSEEN

Das **Optische Museum** dokumentiert das Wirken von Ernst Abbe, Otto Schott und Carl Zeiss (Carl-Zeiss-Platz 12, Tel. 03641 44 31 65, www.optischesmuseum.de; Di.–Fr. 10.00–16.30, Sa. 11.00–17.00 Uhr). Im **Schott-Glasmuseum** geht es um Technologiegeschichte (Otto-Schott-Straße 13, Tel. 03641 681 53 04, Di.–Do. 13.00 bis 17.00 Uhr). Das **Stadtmuseum** hat Jenas Geschichte zum Thema (Markt 7, Tel. 03641 49 82 61, www.museen-jena.de; Di., Mi. und Fr. 10.00–17.00, Do. 15.00–22.00, Sa. und So. 11.00–18.00 Uhr).

ERLEBEN

Das **Zeiss Planetarium** (1926) bietet wissenschaftliche Vorträge, Multivisionsshows und Kinderprogramme (Am Planetarium 5, www.planetarium-jena.de; Mo. geschl.).

VERANSTALTUNGEN

Anf. Juni treffen sich Sportler zur Langstreckenwanderung **Horizontale rund um Jena** (www.horizontale-jena.de). Im Juli/Aug. finden das Sommerfestival **KulturArena** (www.kulturarena.de) und der Jenaer Töpfermarkt statt. Im Sept. wird das Volksfest **Altstadtfest** gefeiert.

HOTEL UND RESTAURANT

Der **€ € / € Gasthof Schwarzer Bär** wurde Ende des 15. Jh. erstmals erwähnt (Lutherplatz 2, 07743 Jena, Tel. 03641 40 60, www.schwarzer-baer-jena.com).
Das **€ € € Gasthaus Zur Noll** serviert in Biergarten und Bohlenstube Thüringer Gerichte, aber auch Vegetarisches (Oberlauengasse 19, Tel. 03641 59 77 10, www.zur-noll.de).

UMGEBUNG

Nördl. von Jena liegen über dem Saaletal die **Dornburger Schlösser** mit Altem Schloss (16. Jh.), Rokoko-Schloss (18. Jh.) mit seinen Interieurs, Renaissanceschloss (16. Jh.) mit Goethe-Gedenkstätte und Schlossgarten (www.dornburg-schloesser.de; April–Okt. Do.–Di. 10.00–17.00, Gärten tgl. ab 9.00 Uhr).
In der Leuchtenburg von Kahla widmen sich die **Porzellanwelten** TOPZIEL dem Thema in einer multimedialen Ausstellung – unbedingt sehenswert (Dorfstraße 100, Seitenroda, Tel. 036424 71 33 00, www.leuchtenburg.de; tgl. 9.00–19.00 Uhr).

INFORMATION

Jena Tourist-Information, Markt 16, 07743 Jena, Tel. 03641 49 80 50, www.visit-jena.de

2 Rudolstadt

Erst lebten Slawen hier, dann Franken. Die Grafen von Schwarzburg-Rudolstadt machten die Stadt (22700 Einw.) 1571 zu ihrer Residenz. Ihr mächtiges Schloss Heidecksburg ist schon von Weitem zu sehen – und einmal im Jahr

Schauplatz des größten deutschen Weltmusik-Festivals.

SEHENSWERT
Zwischen Schloss und Saale erstreckt sich die Altstadt. Am Markt steht das **Neue Rathaus** (1912). In der Stadtkirche **St. Andreas** (15. und 17. Jh.) sind ein Renaissance-Epitaph und ein gräflicher Stammbaum zu sehen (Kirchhof 1; April–Okt. Mo.–Fr. 11.00–16.00 Uhr). Im **Schillerhaus** lernte der Dichter seine spätere Frau Charlotte von Lengefeld kennen (Schillerstraße 25, Tel. 03672 48 64 70, www.schillerhaus-rudolstadt.de; April–Okt. Di.–So. 10.00 bis 18.00, sonst Di.–So. 10.00–17.00 Uhr).
Mehrere Treppenaufgänge führen zur barocken **Heidecksburg** (18. Jh.; Museum) auf dem Schlossberg.

MUSEEN
Das **Thüringer Landesmuseum** in der Heidecksburg zeigt neben den Wohn- und Prunkräumen Porzellan, Gemälde und Waffen sowie die Miniaturwelt „Schlösser der gepriesenen Insel" (Schlossbezirk 1, Tel. 03672 44 72 10, www.thueringerschloesser.de; April–Okt. Di. bis So. 10.00–18.00, sonst Di.–So. 10.00 bis 17.00 Uhr).
Das **Freilichtmuseum Thüringer Bauernhäuser** veranschaulicht bäuerliches Leben (Heinrich-Heine-Park, Tel. 03672 42 24 65; April bis Okt. tgl. 11.00–18.00 Uhr).

VERANSTALTUNGEN
Am ersten Juli-Wochenende findet das **TFF Weltmusik- und Folkfestival** statt (www.tff-rudolstadt.de), im Aug. das Volksfest **Rudolstädter Vogelschießen**.

UMGEBUNG
Auf **Burg Greifenstein** über Bad Blankenburg (südw.) gibt es einen Adler- und Falkenhof (Tel. 01631 43 42 34, www.falknerei-am-schloss.de; Flugshow April–Okt. Di.–So. 14.00 Uhr).

Tipp

Mit dem Floß unterwegs

Einmal im Jahr lassen es die Flößer von Uhlstädt (nordöstl. Rudolstadt) krachen. Im Wortsinn: Höhepunkt ihres Festes ist die donnernde Fahrt mit Langholz-Flößen über das Saale-Wehr. Noch zu DDR-Zeiten haben die Dorfbewohner eine Tradition aufleben lassen, die bis ins 12. Jh. zurückreicht. Heute können Besucher im Sommer die Saale abwärts gleiten und dem Flößereimuseum einen Besuch abstatten.

Informationen beim Flößerverein (www.floesserverein-uhlstaedt.com)

Saalfelds Rathaus am Marktplatz (links). Vor Saalburgs Altstadt (rechts oben). Schloss Burgk über der Saale (rechts unten)

INFORMATION
Tourist-Information, Markt 5, 07407 Rudolstadt, Tel. 03672 48 64 40, www.rudolstadt.de

3 Saalfeld

Der Beiname „Steinerne Chronik Thüringens" verweist auf die lange Geschichte Saalfelds (24 900 Einw.) und die architektonischen Schätze in der Altstadt. 899 erwähnt, wurde sie 1680 Residenz der Herzöge von Sachsen-Meiningen (bis 1918). Saalfeld bildet das Tor zur Oberen Saale mit dem Hohenwarte-Stausee.

SEHENSWERT
Die **Altstadt** ist fast komplett von seiner **Stadtmauer** umgeben; das Darrtor (14. Jh.) kann bestiegen werden. Das Renaissance-**Rathaus** (1537) gilt als eines der schönsten Thüringens. Am **Marktplatz** befinden sich die Liden (16. Jh.), eine Häuserreihe mit Arkaden; gegenüber die Hofapotheke (12. Jh.). In der **Johanneskirche** (14.–16. Jh.) zeigt sich die Decke als „Himmelswiese" (Mai–Okt. Mo.–Fr. 11.00–17.00, Sa. 11.00–16.00, So. 13.00 bis 16.00 Uhr). Die Burgruine **Hoher Schwarm** (um 1300) ist das Wahrzeichen der Stadt.

ERLEBEN
Die farbenreichen **Saalfelder Feengrotten** bieten Heilstollen, Erlebnismuseum Grottoneum und „Feenweltchen" (Feengrottenweg 2, Tel. 03671 55 04 0, www.feengrotten.de; Mai bis Okt. tgl. 10.00–17.00, sonst kürzer).

INFORMATION
Saalfeld Information, Markt 6, 07318 Saalfeld, Tel. 03671 52 21 81, www.saalfeld-tourismus.de

4 Saalburg-Ebersdorf

Nach dem Aufstauen der Bleichlochtalsperre 1932 wurde das 800-jährige Saalburg (3500 Einw.) zu einem Seeort. Wassersportangebote und Schifffahrten auf der größten Talsperre Deutschlands sind die Attraktionen.

ERLEBEN
Die Fahrgastschifffahrt Saalburg bietet **Rundfahrten** TOPZIEL (Am Torbogen 1, Tel. 036647 222 50, www.saalburg.de; April–Okt.).

UMGEBUNG
Wie ein Adlerhorst thront **Schloss Burgk** (1365 erwähnt; nördl.), Jagd- und Sommerresidenz der Fürsten Reuß, über einer **Doppelschleife der Saale** TOPZIEL. Bemerkenswert sind die Wehranlagen und die Ausstattung (Museum Schloss Burgk, Tel. 03663 40 01 19, www.schloss-burgk.de; April–Okt. Di.–So. 10.00–18.00, sonst 10.00–16.00 Uhr).

INFORMATION
Tourist-Information, Markt 1, Saalburg, 07929 Saalburg-Ebersdorf, Tel. 036647 290 80, www.saalburg-ebersdorf.de

5 Greiz

Die „Perle des Vogtlands" (21 000 Einw.) verdankt dem Fürstenhaus der Reußen (bis 1918) seine Schlösser und damit seine Bekanntheit.

SEHENSWERT
Wuchtig thront das **Obere Schloss** (16./18. Jh) über der Stadt; es präsentiert die Geschichte der Reußen (Di.–So. 10.00–17.00 Uhr). Die Erbteilung der Reußen in Ober- und Untergreiz führte im 16. Jh. zum Bau des **Unteren Schlosses**, 1809 klassizistisch neu errichtet; hier sind fürstliche Räume und Exponate zur Stadtgeschichte zu sehen (Di.–So. 10.00 bis 17.00 Uhr). Der **Greizer Park** (Urspr. um 1650) wurde mehrfach umgestaltet, darin das **Sommerpalais** (1779) der Reußen; es beheimatet u. a. Bücher und Kupferstiche (www.sommerpalais-greiz.de; April–Sept. Di.–So. 10.00–17.00, Okt.–März Di.–So. 10.00–16.00 Uhr).

INFORMATION
Tourist-Information, Burgplatz 12, 07973 Greiz, Tel. 03661 68 98 15, www.greiz.de

6 Gera

995 erwähnt, war Gera (95 000 Einw.) später Residenz der Reußen (bis 1918); das Schloss fiel Bomben zum Opfer. Tuchherstellung brachte

Wohlstand, das 19. Jh. Industrie – heute kämpft Gera mit Finanzproblemen.

SEHENSWERT

Der Kontrast zwischen historischen Bauten und DDR-Architektur prägt die Altstadt. Am **Markt** stehen das Rathaus (1576) und die Stadtapotheke (16. Jh.) mit Renaissance-Erker. Am Nicolaiberg 3 befindet sich der Zugang zu den **Höhlern,** historischen Bierkellern (www.gera-hoehler.de; Führungen Mi. 13.00 und 15.00, Do.–So. 11.00, 13.00 und 15.00 Uhr).

MUSEEN

Das **Stadtmuseum** zeigt Kultur- und DDR-Geschichte (Museumsplatz 1, Tel. 0365 8 38 14 71; Mi.–So. 12.00–17.00 Uhr). Das **Otto-Dix-Haus** umfasst Wohnräume der Familie und Werke aus der Sammlung (Mohrenplatz 4, Tel. 0365 8 32 49 27, www.gera.de; Mi.–So. 12.00 bis 17.00 Uhr). Die **Kunstsammlung Gera** ist in der Orangerie (1732) beheimatet (Orangerieplatz 1, Tel. 0365 838 42 50; z.Zt. geschl.).

UMGEBUNG

Der Uran-Tagebau wurde zur **Neuen Landschaft Ronneburg** (Ausstellung zur Geschichte der Wismut, Weidaer Straße, Ronneburg; Do.–So. 13.00–17.00 Uhr). Die **Straße der Bergbau-Kultur** verbindet rekultivierte Bergbaustätten (www.bergbautraditionsverein-wismut.de).

INFORMATION

Gera-Information, Markt 1a, 07545 Gera, Tel. 0365 838 11 11, www.gera.de

7 Altenburg

Die Hauptstadt der Kartenspieler (33 000 Einw.), Siedlungsplatz bereits im 7. Jh., wurde 1180 Reichsstadt. Bis 1918 diente sie als Residenz der Herzöge von Sachsen-Altenburg.

SEHENSWERT

Schloss Altenburg, im 12. Jh. Kaiserpfalz, ist seit 1700 barocke Residenz mit gotischer Schlosskirche (15. Jh.), Bergfried (11. Jh.) und Hausmannsturm (12. Jh.). Das **Schloss- und Spielkartenmuseum** dokumentiert u. a. die Geschichte des Kartenspiels (Tel. 0344 51 27 12, www.residenzschloss-altenburg.de; Di.–So. 10.00–18.00 Uhr). Im Herzen der Stadt liegt der Hauptmarkt mit Renaissance-**Rathaus** (16. Jh.) und **Brüderkirche** (1905). Blickfang sind die **Roten Spitzen,** zwei Türme der einstigen Stiftskirche (12. Jh.; Führungen über Tourismus-Information). Am Brühl der **Skatbrunnen.**

HOTEL UND RESTAURANT

Das € **Hotel am Rossplan** ist Sitz des Internationalen Skatgerichts und bietet Platz für Skatspieler (Am Rossplan 8, 04600 Altenburg, Tel. 03447 56 61 0, www.hotel-rossplan.com).

INFORMATION

Tourismusinformation, Markt 17, Baderei 1, 04600 Altenburg, Tel. 03447 51 28 00, www.altenburg-tourismus.de

Genießen Erleben Erfahren

DuMont Aktiv

Auf der Saale-Horizontale

Jena ist der Ausgangspunkt einer der schönsten Wanderrouten der Region: Die Saale-Horizontale ist mit dem Qualitätssiegel des Deutschen Wanderverbandes zertifiziert. Am Wegesrand liegen Burgen, Schlösser, kleine Dörfer – und zwei Dutzend Aussichtspunkte.

Der Straßenlärm verstummt, stattdessen zwitschern Vögel. Beton und Asphalt verschwinden, es geht über steinerne Stufen und einen Pfad durch die Wiesen: Schon kurz hinter Jena umgibt Natur den Wanderer. Die Stadt mit ihrer Skyline bleibt auf der Saale-Horizontale vorläufig jedoch weiter präsent – mal schimmert sie zwischen Bäumen hindurch, mal liegt sie dem Wanderer zu Füßen. Schon nach einem Kilometer ist die Lobdeburg erreicht, eine Ruine mit weitem Blick ins Saaletal. Es wird nicht die letzte historische Sehenswürdigkeit bleiben: Auf die Wanderer warten eine slawische Wallanlage und der einstige Bergfried des Fuchsturms, die Kunitzburg und die Ruine Tautenburg. Höhepunkte sind die Dornburger Schlösser. Dazu gibt es 20 Aussichtspunkte.

Der Wechsel zwischen dichten Buchenwäldern und lichten Kiefernhainen, zwischen Muschelkalkhängen und Streuobstwiesen macht die Strecke abwechslungsreich. Am Wegesrand gedeihen dank des besonderen Klimas wärmeliebende Pflanzen. Schon Mitte Februar blühen die ersten Winterlinge, später tausende Märzenbecher, gefolgt von Pfingstrosen. Mit etwas Glück findet man sogar Orchideen.

Weitere Informationen

Der Rundweg führt über 72 km (Jena–Ziegenhain–Laasan–Beutnitz–Tautenburg–Dornburg–Porstendorf–Jena), mit einer Höhendifferenz von rund 3500 m ist er teilweise herausfordernd. An jeder Gabelung sowie alle 400 m ist die Strecke markiert.

Insgesamt 20 Gasthöfe säumen die Route. Wegbeschreibung und Tipps zu Anfahrt, Gastronomie und Übernachtung unter www.saalehorizontale.de. Auskunft bei der Tourist-Information Saaleland (Tel. 036601 90 52 00, www.saaleland.de).

Die originellsten Hotels

Ausgefallen unterkommen

Klassische Stadthotels und Unterkünfte im landauf, landab gepflegten Landhausstil sind in Thüringen nicht schwer zu finden. Doch es gibt auch ausgefallenere und unerwartete Häuser für jedes Budget: Reisende können auf dem Wasser oder in einem Holzfass übernachten, im Bauhaus-Stil oder auf einem einstigen Polizeirevier.

1 Holzhaus-Romantik

Eine bunte Blumenwiese bildet den Rahmen, die Buchenwälder des Hainich den Hintergrund für ein Hideaway aus Holz: Die Chalets der Hainichhöfe bieten bis zu vier Personen Platz. Ein offener Wohnraum lässt Raum zum Entspannen, Essen und Kochen. Die Zutaten für das Frühstück werden frisch geliefert und stammen überwiegend aus der Region – ebenso wie das Baumaterial der Unterkünfte. Für Wärme sorgen ein Kaminofen und eine Infrarot-Sauna, draußen lässt sich über dem Feuerring grillen.

€€€ **Hainichhöfe Premiumchalets,** Ihlefelder Straße, 99947 Mülverstedt, Tel. 0174 240 87 71, www.hainichhoefe.de

2 Wohnen wie die Hobbits

Hobbits leben in behaglichen Höhlen – sie haben es gern gemütlich. Der Drehort der Filme nach den Romanen von J. R. R. Tolkien liegt weit weg in Neuseeland, doch auch nahe des Rennsteigs lässt sich in Hobbit-Höhlen übernachten. Die acht Unterkünfte sind mit hellen Holzmöbeln eingerichtet, auch auf einen Kamin müssen „Hobbits auf Zeit“ ebenso wenig verzichten wie auf ein Restaurant mit Frühstücksbüffet, eine Sommerrodelbahn und einen Kinder-Erlebnisgarten.

€€/€€ **Feriendorf Auenland,** Zum Burgberg 1, 98673 Eisfeld-Waffenrod/Hinterrod, Tel. 0368 661 89 00, www.feriendorf-auenland.de

3 Schlafen im Bierfass

Zur Begrüßung wird ein Bier ausgeschenkt: Das gehört sich so bei Freunden des Gerstensafts. Thüringen blickt auf eine lange Brautradition zurück – rund 40 Brauereien arbeiten hier heute noch. Auch kleine, handwerkliche Betriebe wie das Anker-Bräu, das mehrere Fässer zweckentfremdet: Drei können zum Wohnen gemietet werden – mit separatem Sanitärfass inklusive Dusche.

€€ **Ankerla Fassdorf,** Brauerei-Gasthof Ankerbräu, Steinbächlein 6a, 96523 Steinach, Tel. 0367 623 12 51, www.ankerla.de

4 Übernachten im Waggon

Der Kleinbahnhof von Kirchheilingen nahe Bad Langensalza blickt auf eine mehr als 100-jährige Geschichte zurück. Doch 1969 wurde die Strecke stillgelegt, und heute nutzen Radler die Trasse. Im Bahnhof dokumentiert ein Museum die Vergangenheit. Und zwei Bahnabteile wurden zu Unterkünften: mit Schlafcouch und Hochbett, kleinem Bad, Küchenzeile und Esstisch.

€ **Kleinbahnpension,** Bahnhofstraße 184, 99947 Kirchheilingen, Tel. 036043 720 41, www.kleinbahnpension.de

5 Zimmer statt Zelle

Hier wollte lange Zeit niemand übernachten. Nicht freiwillig: Eine ehemalige Polizeidienststelle dient heute als Hostel. Statt grauer Amtsstuben und enger Zellen gibt es helle, funktional eingerichtete Unterkünfte – vom preisgünstigen Fünfbettzimmer mit Etagendusche über komfortable Doppelzimmer bis zu geräumigen Ferienwohnungen. Künstler und Designer aus aller Welt haben bei der Gestaltung geholfen.

€€€€/€ **Revierhostel,** Puschkinstraße 21, 99084 Erfurt, Tel. 0361 600 01 10, www.re4hostel.com

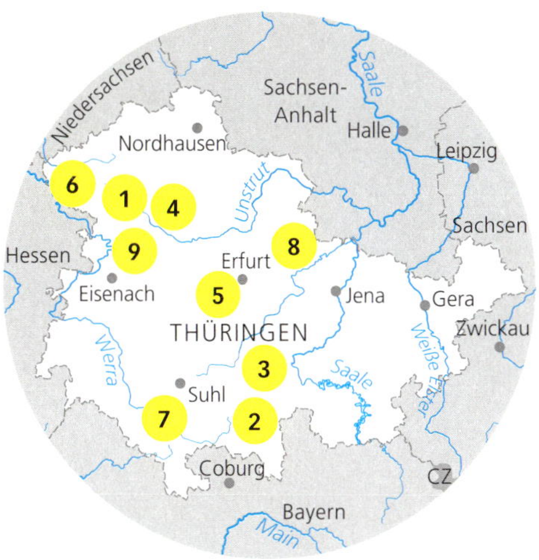

6 Schlummern wie im Mittelalter

Burg Hanstein gilt als eine der beeindruckendsten mittelalterlichen Ruinen Thüringens. Der um 1300 errichtete Wehrbau diente zuletzt DDR-Grenztruppen als Aussichtspunkt. Das „Gasthaus Klausenhof" knüpft mit seinen Unterkünften an die burgherrliche Nachbarschaft an: Gäste können wahlweise feudal übernachten, zum Beispiel in der Fürstenstube und in der Grimmkammer, denn schließlich liegt das Hotel an der Deutschen Märchenstraße. Etwas einfacher sind die Burgkemenaten und das Kreuzfahrerlager, eingerichtet mit „Beutestücken" und Schätzen aus dem fernen Osten. Auch eine Pilgerherberge und eine Schlafscheune stehen zur Verfügung. Zeitgenössisch speisen kann man bei einem Ritteressen nach mittelalterlichen Rezepten.

€€€/€ Klausenhof, Friedensstraße 28, 37318 Bornhagen/Eichsfeld, Tel. 0360 816 14 22, www.klausenhof.de.

7 Eine Nacht im Bauhaus

Die Farben, die Möbel, die Lampen, die Accessoires: Alles spricht die Sprache der Bauhaus-Architektur. Alfred Arndt realisierte von 1925 bis 1927 mit dem „Haus des Volkes" das größte Bauhaus-Ensemble Thüringens. Zur Ruine verkommen, wurde das Gebäude nach der Wende bis in kleinste Details auf der Basis alter Zeichnungen, Skizzenhefte und Fotos rekonstruiert. Auch das hauseigene Restaurant und ein Kaffeepavillon tragen die Handschrift des Bauhauses. Eine Ausstellung erinnert an die Vergangenheit.

€ Bauhaushotel „Haus des Volkes", Franz-Itting-Straße, 07330 Probstzella, Tel. 0367 354 60 57, www.probstzella.de

8 Schwimmende Hütten

Auf dem Teich der Mühle Eberstedt dümpeln sechs rustikale Hütten. Die Unterkünfte an einem hölzernen Steg sind für sechs Personen ausgelegt und jeweils mit drei Doppelstockbetten ausgestattet – die Sanitärhütten befinden sich an Land. Wer lieber komfortabler wohnt, bucht Zimmer oder Ferienwohnung im Mühlengebäude von 1906, das auch besichtigt werden kann. Den Gästen stehen Restaurant, Grillhütte und Biergarten zur Verfügung; im Mühlenladen gibt es regionale Spezialitäten.

€€/€ Die Historische Mühle, Dorfstraße 28, 99518 Eberstedt, Tel. 0364 618 74 63, www.oelmuehle-eberstedt.de

9 Rückzugsort Kloster

„Auf den Fundamenten von gestern mit Materialien von heute für morgen bauen" war die Philosophie bei der Sanierung des rund 800 Jahre alten Klosters Volkenroda. Der geschichtsträchtige Ort bietet Unterkünfte vom Heuhotel über Pilgerherberge bis zu Konventgebäude. Gäste können einfach nur Urlaub machen, aber auch mehr: Für Menschen in Auszeiten oder Neuorientierungsphasen gibt es die Möglichkeit des „Klosters auf Zeit", inklusive Teilnahme am Tagesablauf und Mithilfe im Klosterbetrieb. Manche kommen auch, um hier in Ruhe ein Buch oder ihre Doktorarbeit zu schreiben.

€€ Kloster Volkenroda, Amtshof 3, 99998 Volkenroda, Tel. 0360 25 55 90, www.kloster-volkenroda.de

Der Erfurter Dom und Severikirche von der Zitadelle Petersberg aus gesehen (oben links). Spezialität Thüringer Bratwürste (Mitte oben). Bad Sulza: auf dem Weingut Bock und Töchter (Mitte unten)

Service

Keine Reise ohne Planung. Auf den folgenden Seiten sind Wissenswertes und nützliche Informationen für einen Thüringen-Aufenthalt zusammengestellt.

Anreise

Auto: Thüringen liegt im Herzen Deutschlands, jeweils auf einer Linie zwischen München und Hamburg, Dresden und Köln, und ist daher gut mit dem Auto erreichbar. Die Autobahn A 4 durchquert Thüringen in Ost-West-Richtung als Verbindung zwischen Frankfurt/Main und Dresden. Nördlicher verläuft die A 38 zwischen Leipzig und Göttingen. Die A 9 zwischen Berlin und Nürnberg/München durchquert den Osten Thüringens in Nord-Süd-Richtung. Die Thüringer-Wald-Autobahn A 71 verbindet Erfurt über Suhl und Meiningen mit Schweinfurt.

Bahn: Ende 2017 eröffnete die Deutsche Bahn eine neue Hochgeschwindigkeitsstrecke zwischen Berlin und München mit Erfurt als Knotenpunkt. Die Züge können hier mit bis zu 300 Stundenkilometern fahren, wovon auch Thüringen sehr profitiert. Erfurt ist nun von Berlin aus mit dem ICE in knapp zwei Stunden erreichbar, von München aus in zweieinhalb Stunden. Auch aus Richtung Leipzig und Dresden haben sich die Fahrtzeiten zuletzt verkürzt.

Kleinere Orte sind über Regionalbahnen und Busse erreichbar (Fahrpläne unter www.bus-bahn-thueringen.de). Die Erfurter Bahn verbindet zahlreiche Ziele innerhalb Thüringens, aber auch Städte wie Leipzig oder Schweinfurt mit der Landeshauptstadt (www.erfurter-bahn.de). Unter ihrem Dach findet man auch die Elster-Saale-Bahn. Sparen kann man mit dem Hopper-Ticket, dem Schönes-Wochenende-Ticket und dem Thüringen-Ticket.

Flug: Der Flughafen Erfurt-Weimar wird vor allem für Flüge in südliche Ferienziele genutzt; außerdem Angebote nach Irland und auf die Kanalinseln (www.flughafen-erfurt-weimar.de).

Auskunft

Die **Tourist-Information Thüringen** bietet Informationen, Veranstaltungstickets und Übernachtungsangebote. Jüngst wurde zudem eine neue digitale Erlebniswelt eröffnet (Willy-Brandt-Platz 1, 99084 Erfurt, Tel. 0361 37 420, www.thueringen-entdecken.de).

Auskünfte erteilen auch **regionale Tourismusverbände:**

Eichsfeld Touristik, Conrad-Hentrich-Platz 1, 37327 Leinefelde-Worbis, Tel. 03605 200 67 60, www.eichsfeld.de

Tourismusverband Südharz Kyffhäuser, Markt 8, 99706 Sondershausen, Tel. 03631 91 11 25, www.region-suedharz-kyffhaeuser.de

Tourismusverband Jena-Saale-Holzland, Jahnstraße 29, 07639 Bad Klosterlausnitz, Tel. 036601 90 52 00, www.saaleland.de

Regionalverbund Thüringer Wald, Bahnhofstraße 4, 98527 Suhl, Tel. 03681 353 05 20, www.thueringer-wald.com

Tourismusverband Vogtland, Göltzschtalstraße 16, 08209 Auerbach, Tel. 03744 18 88 60, www.vogtland-tourismus.de

Welterberegion Wartburg-Hainich, Am Schloss 2, 99947 Weberstedt, Tel. 036022 98 08 36, www.welterbe-wartburg-hainich.de

Werratal Touristik, Kirchplatz 2, 36433 Bad Salzungen, Tel. 03695 86 14 59, www.werratal.de

Barrierefreiheit

Die Tourist Information Thüringen informiert unter www.thueringen-entdecken.de ausführlich über barrierefreies Reisen; aufgeführt sind unter anderem Museen, Gedenkstätten und Erlebnisbäder, aber auch behindertengerechte Wanderwege. Außerdem gibt es ein Verzeichnis barrierefreier Unterkünfte. Viele Städte bieten Touren an, die sich an den Bedürfnissen von Gästen mit Handicap orientieren. Die Landeshauptstadt Erfurt geht hier mit Beispiel voran, sie setzt auf barrierefreie Unterkünfte und Freizeitangebote. Weimar hat neben Stadtrundgängen für Rollstuhlfahrer eine Führung in deutscher Gebärdensprache im Angebot, und es wurde eine spezielle Fahrradtour konzipiert. Weitere Angebote gibt es u. a. in Altenburg, Bad Langensalza und Mühlhausen. Selbst barrierefreier Wintersport ist möglich, u. a. in der Skisporthalle Oberhof und mit Sitzschlitten auf eigens gekennzeichneten Loipen.

Ermässigungen

Die **ThüringenCard** bietet Eintritt in mehr als 200 Einrichtungen und Sehenswürdigkeiten: Schlösser, Burgen, Museen, Ausstellungen, Höhlen, Besucherbergwerke, Parks, Zoos, Gärten und Thermalbäder. Es gibt die Thüringen Card für 24 Std., für drei oder für sechs frei wählbare Tage im Jahr. Alle drei Karten beinhalten ein freies Tagesticket der Erfurter Verkehrs AG, die Drei- und Sechs-Tages-Karten bieten zusätzlich Fahrten mit dem schienengebundenen Nah- und Regionalverkehr in ganz Thüringen. Sie sind erhältlich bei der Tourist-Information Thüringen und in vielen Tourist-Informationen (www.thueringencard.info).

Regionale Klassiker: Thüringer Kloß und Rinderroulade

Die **ErfurtCard** beinhaltet Fahrten im öffentlichen Nahverkehr, Eintritt in den städtischen Museen, eine Führung und zudem zahlreiche Ermäßigungen bei Führungen, Eintrittspreisen und Theatervorstellungen. Die Karte mit 48 Std. Gültigkeit ist bei Erfurt Tourismus erhältlich (www.erfurt-tourismus.de/erfurtcard).
Das **Erlebnisticket Jena Card** ermöglicht mehr als 20 Entdeckungen innnerhalb 48 Std. inkl. Stadtführung, öffentlichem Nahverkehr, Eintritt in Museen und Ermäßigungen. Sie ist erhältlich u. a. bei der Tourist-Information (https://www.visit-jena.de/reise-planen/jena-card-pauschalangebote).
Die **Weimar-Card** umfasst Eintritt in fast allen Museen und Nutzung des öffentlichen Nahverkehrs (https://shop.weimar-gmbh.com). Ermäßigungen bieten auch die **Thüringer-Wald-Card** und die **Oberhof-Card.**

Essen und Trinken

Thüringer sind ausgesprochene Fleischesser, daran lässt sich nicht rütteln: Herzhafte, deftige Rezepte dominieren die Speisekarten, und auch Gourmet-Restaurants bieten klassische Thüringer Zutaten – wenn auch oft verfeinert oder in raffinierten neuen Variationen.
Die **Wurst** ist und bleibt ein nationales Kulturgut, ob gedünstet, gebrüht, geräuchert oder natürlich gegrillt. Neben der klassischen Bratwurst findet man Leberwurst, Blutwurst, Sülze und Knackwurst.
Zweite große Spezialität sind die Thüringer **Klöße,** in manchen Regionen auch „Hütes“ oder „Knölla“ genannt. Sie werden aus einer Mischung von geriebenen rohen und zerstampften gekochten Kartoffeln hergestellt. Beliebt ist eine Füllung aus in Butter gerösteten Brotwürfeln. Fast jede Hausfrau und jeder Koch haben ein persönliches Rezept für die Zubereitung. In vielen Restaurants kann man zwar auch Klöße ohne Fleisch bestellen. Doch die echten Thüringer bestellen sich dazu zum Beispiel ein Rostbrätl – ein Grillsteak, das mit Senf, Zwiebeln, Kümmel und Bier mariniert wird. Beliebt sind auch der Schmöllner Mutzbraten oder die vielen Wildspezialitäten, die das Bundesland seinem großen Waldreichtum verdankt.
Im Bundesland wird gerne **Bier** getrunken – bekannteste Marke ist das Köstritzer –, aber auch der Wein von Thüringer Winzern aus der Unstrut-Region erfreut sich großer Beliebtheit. Schließlich ist Thüringen auch ein Land der **Kuchen:** Spezialität sind „nasse Kuchen“ mit einem Boden aus Hefeteig und vielen Früchten. Von den meisten Dorffesten sind die süßen Backwaren nicht wegzudenken. In Erfurt klingt das Jahr mit dem Weihnachtsstollen nach jahrhundertealtem Rezept aus.

Historische Bahnen

Die seit über 125 Jahren existierende **Harzer Schmalspurbahn** fährt ab Nordhausen durch den Harz und bis zum Brocken, regelmäßig Sonderfahrten und Fotosafaris (www.hsb-wr.de).
Die denkmalgeschützte **Oberweißbacher Bergbahn** ist die steilste Standseilbahn auf Normalspur. Sie verbindet das Schwarzatal im Thüringer Wald mit Cursdorf und Oberweißbach (www.oberweissbacher-bergbahn.com).
Dampfzugfahrten bietet die **Rennsteigbahn**

Info

Daten & Fakten

Geographische Lage: Das Bundesland Thüringen mit der Landeshauptstadt Erfurt ist 16 172 km² groß (Bundesrepublik Deutschland 357 386 km²). Es grenzt an fünf weitere Bundesländer: Niedersachsen, Sachsen-Anhalt, Sachsen, Bayern und Hessen. Erfurt ist mit 211 000 Einw. die größte Stadt, gefolgt von Jena (110 000 Einw.) und Gera (95 000 Einw.).
Bevölkerung: Zum Zeitpunkt der Wende hatte Thüringen knapp 2,68 Mio. Einw. bei einer Bevölkerungsdichte von 165 Einw./km². Heute liegt die Bevölkerungszahl noch bei 2,16 Mio., die Besiedlungsdichte ist auf 133 Einw./km² zurückgegangen. Der Ausländeranteil nimmt seit Jahren leicht zu; 2017 lag er bei 4,1 % der Gesamtbevölkerung (Bundesdurchschnitt 11,2 %). Rund 68 % der Thüringer gehören keiner Religionsgemeinschaft an, 22 % sind Protestanten, 8 % Katholiken.
Wirtschaft: Das Thüringer Bruttoinlandsprodukt wächst seit Jahren stetig; es lag 2017 bei knapp 62 Mrd. Euro. Der Anteil Thüringens an der gesamtwirtschaftlichen Leistung in Deutschland lag 2017 bei 1,9 %. Die Zahl der Erwerbstätigen betrug in diesem Zeitraum 1 049 700, ein leichter Zugang gegenüber den Vorjahren. Die wirtschaftsstärkste Region liegt entlang der Linie Erfurt–Weimar–Jena. Knapp zwei Drittel des Bruttoinlandsproduktes werden im Dienstleistungssektor erwirtschaftet, ein Drittel im produzierenden Gewerbe. Der Anteil der Land- und Forstwirtschaft liegt bei 1 % . Mit fast 10 Mio. Übernachtungen, über 3 Mrd. Euro Bruttoumsatz und gut 100 000 Arbeitsplätzen (2017) stellt die Tourismusbranche einen wichtigen Wirtschaftsfaktor dar. Die meisten ausländischen Gäste kamen aus Nachbarländern: Niederlande, Polen und Schweiz, gefolgt von Österreich und den USA. Die Arbeitslosigkeit liegt in Thüringen bei unter 7 % und ist in den letzten Jahren stetig gefallen (Bundesdurchschnitt 6,2 %).
Naturraum Zwei große Naturräume und mehrere Gebirgszüge prägen die Landschaft: Von Eisenach im Nordw. bis zum Frankenwald im Südosten erstreckt sich der Mittelgebirgsriegel von Thüringer Wald und Schiefergebirge mit Höhenlagen bis knapp unter 1000 m. Höchste Erhebung ist hier der Große Beerberg (982 m). Südw. der Berge verläuft die Werra, im Osten schließt sich der Oberlauf der Saale an. Im Herzen des Landes liegt das flache Thüringer Becken mit uralten Kulturlandschaften. Im Nordw. liegt die Hügellandschaft des Eichsfeldes, im Norden das Kyffhäuser-Gebirge und der Harz.
Acht Naturlandschaften stehen in Thüringen unter Schutz. Dazu gehören fünf Naturparks, ein Nationalpark und zwei Biosphärenreservate. Der Naturpark Südharz ist geprägt von Felsformationen, Karstwäldern, Höhlen und Quellen. Der Naturpark Kyffhäuser mit seinem Bezug zu Kaiser Barbarossa verbindet Kultur mit Naturerlebnissen. Gleich drei Naturräume umfasst der Naturpark Eichsfeld-Hainich-Werratal, von den idyllischen Kulturlandschaften des Eichsfelds bis zu den Buchenwäldern des Hainich – diese stehen im gleichnamigen Nationalpark unter Schutz und gehören zum Weltnaturerbe der UNESCO. Zwei Naturparks erstrecken sich über Thüringer Wald und Schiefergebirge. Rechts und links eines idyllischen Wildbachs breitet sich das Biosphärenreservat Vessertal aus, ein zweites Schutzgebiet dieser Art liegt in der Rhön.

Die Oberweißbacher Bergbahn (links oben). Auf dem Kanonenbahnviadukt in Lengenfeld unterm Stein (links unten)

Vollmondkonzert in der Toskana-Therme von Bad Sulza

an ausgewählten Terminen (www.rennsteigbahn.de). Die Dampflok des **Rodelblitz** bringt Wintersportler in den Thüringer Wald – er verkehrt an Wochenenden von Ende Jan. bis Anf. Febr. zwischen Erfurt und Meiningen. Dazu kommen über das Jahr verteilt einzelne Themenfahrten mit historischen Loks (Termine unter www.bahnnostalgie-thueringen.de). Der **Thüringer Eisenbahnverein** zeigt im Bahnbetriebswerk Weimar historische Schienenfahrzeuge, darunter 33 Lokomotiven (www.rennsteigbahn.de). In Meiningen finden im Sept. die **Dampfloktage** statt (www. dampflokwerk.de).

Kinder & Familien

Thüringen ist für Familienurlaub prädestiniert: Viele Unterkünfte haben sich auf Familien eingestellt, insbesondere Ferien auf dem Bauernhof sind eine lohnende Option (Adressen unter www.landsichten.de/thueringen). Viele Städte haben kindgerechte Führungen im Programm, u. a. eine Sagentour durch Erfurt oder eine Prinzraubführung in Altenburg. Auch Naturparks haben passende Angebote; so kann man im Nationalpark Hainich an unterhaltsamen

Geschichte

um 350 000 v. Chr. Erstes menschliches Leben im Raum Bilzingsleben (südl. Bad Frankenhausen) am Südrand eiszeitlicher Gletscher.
um 200 000 v. Chr. Erste Siedlungsspuren in Thüringen.
4. Jh. n. Chr. Erste Erwähnung der Thoringi (Thüringer). Bereits vor der Zeitenwende waren germanische Stämme eingewandert.
531 Eroberung des Königreichs Thüringen durch die Franken.
742 Gründung des Bistums Erfurt durch den angelsächsischen Missionar Bonifatius.
1067 Der Ludowinger Ludwig der Springer errichtet die Wartburg und kann von dort seine Herrschaft ausweiten. 1130 werden die Ludowinger zu Landgrafen von Thüringen ernannt.
um 1205 „Sängerkrieg" auf der Wartburg.
1379 Gründung der Universität Erfurt.
1517 Martin Luther (1483–1546) veröffentlicht in Wittenberg seine 95 Thesen gegen den Ablass. 1521/1522 übersetzt er auf der Wartburg das Neue Testament.
1524/1525 Bauernkrieg. Nach dem Sieg der Fürstenheere Hinrichtung von Thomas Müntzer (um 1489–1525).
1558 Gründung der Universität Jena.
1618–1648 Verwüstung des Landes durch den Dreißigjährigen Krieg.
1640–1672 Bau von Schloss Friedenstein in Gotha.
1685 Geburt von Johann Sebastian Bach († 1750) in Eisenach.
1759–1775 Regentschaft der Herzogin Anna Amalia (1739–1807) in Weimar.
1775 Johann Wolfgang von Goethe (1749 bis 1832) in Weimar. Beginn der Weimarer Klassik.
1813 Beginn der Befreiungskriege gegen die französisch-napoleonische Herrschaft. Auf dem Wiener Kongress 1815 werden Eichsfeld und Erfurt Preußen zugesprochen.
1817 In Eisenach findet das Wartburgfest der deutschen Burschenschaften statt. 1815 hatte sich in Jena die erste deutsche Burschenschaft gegründet, um ein vereinigtes demokratisches Deutschland zu betreiben.
1846 Carl Zeiss gründet eine Werkstatt in Jena.
1869 Gründung der Sozialdemokratischen Arbeiterpartei (spätere SPD) in Eisenach.
1898 Beginn der Automobilproduktion in Eisenach („Wartburg").
1918 Die Niederlage Deutschlands im Ersten Weltkrieg (1914–1918) vor Augen, danken die thüringischen Fürsten ab.
1919 Im Deutschen Nationaltheater in Weimar verabschiedet die Nationalversammlung die erste demokratische Verfassung für Deutschland. Gründung des Bauhauses.
1920 Gründung des Landes Thüringen mit der Hauptstadt Weimar nach Zusammenschluss der vorherigen Kleinstaaten.
1930 Thüringen wählt die erste nationalsozialistische Landesregierung in Deutschland.
1937 Bei Weimar wird das Konzentrationslager Buchenwald eingerichtet, eines der größten in Deutschland. 56 000 Menschen sollen bis 1945 hier zu Tode gekommen sein.
1945 Amerikanische Truppen besetzen zum Ende des Zweiten Weltkriegs (1939–1945) Thüringen, übergeben die Region später an die Sowjetarmee.
1949 Gründung der DDR. Auflösung des Landes Thüringen 1952 und Aufteilung in die Bezirke Erfurt, Suhl und Gera.
1990 Vereinigung der beiden deutschen Staaten. Thüringen wird Freistaat mit der Landeshauptstadt Erfurt.
1996 Die Bauhausstätten in Weimar und Dessau werden Weltkulturerbe der UNESCO, 1998 auch die klassischen Stätten Weimars.
2004 Brand in der Herzogin Anna Amalia Bibliothek in Weimar; etwa 50 000 Bücher werden vernichtet.
2011 Der Nationalpark Hainich wird Weltnaturerbe der UNESCO.
2014 Regierungswechsel zu einer rot-rot-grünen Koalition in der Landesregierung unter dem Ministerpräsidenten Bodo Ramelow (Die Linke). Von 1990 bis 2014 hatte die CDU alle Regierungen geführt.
2015 175-jähriges Kindergarten-Jubiläum. Der Reformpädagoge Friedrich Fröbel aus Oberweißbach hatte 1840 im ostthüringischen Bad Blankenburg den ersten „Kindergarten" eingerichtet.
2017 Luthers Thesenanschlag jährt sich zum 500. Mal. Damit geht die „Lutherdekade" (2008 bis 2017) zu Ende.
2019 Das Jahr steht ganz im Zeichen des Bauhausjubiläums.

und lehrreichen Führungen teilnehmen. Für die Kleinsten gibt es über das ganze Bundesland verteilt mehrere Märchenparks, u. a. in Heiligenstadt, Hainrode, Saalfeld, Wünschendorf und Saalburg. Darüber hinaus bietet das Land zahlreiche Badeseen, Erlebnisbäder, Besucherbergwerke, Lehrpfade, Kindermuseen, Flugvorführungen mit Greifvögeln, Sommerrodelbahnen, Indoor-Spielplätze, Zoos, Klettergärten etc.
Ein **Familien-Freizeitatlas** ist abrufbar auf www.thueringen.de, dann auf „Suche". Ausführliche Informationen bietet auch die Tourist-Information Thüringen unter www.thueringen-entdecken.de.

Restaurants

Restaurants gibt es unzählige. Eine **kleine Auswahl** wird auf den jeweiligen Infoseiten genannt. Insgesamt 23 Partner gehören zum neuen Netzwerk der „Top-Gastgeber Gastronomie", einem Gütesiegel, das die Thüringer Tourismus GmbH vergibt. Kriterien bei der Auswahl sind neben dem Gesamtkonzept der Lokale die Regionalität der Zutaten, gute Rezensionen auf Bewertungsplattformen, Verzicht auf Convenience-Produkte, eine exzellente Kommunikation und auch Barrierefreiheit.

Preiskategorien

€€€€	Hauptspeisen	über 20 €
€€€	Hauptspeisen	10–20 €
€€	Hauptspeisen	10–15 €
€	Hauptspeisen	5–10 €

Sport

Baden Es gibt rund 170 Waldbäder, Freibäder und Wasserspielplätze – auch die natürlichen Seen sind passend zum Baden und Sonnen. Einer der beliebtesten Plätze ist das „Thüringer Meer" rund um Hohenwarte- und Bleilochstausee. Wer es beschaulicher mag, wählt einen der kleineren Seen. Als besonders idyllisch gelten der Bergsee Ratscher bei Schleusingen mit 400 m langem Badestrand und der Bergsee Ebertswiese mit 19 m hohem Sprungfelsen.
Golf Am Rand des Thüringer Beckens liegen sechs Golfplätze, ein weiterer im Südharz. Die Neun-Loch-Anlage des Golf Clubs Erfurt liegt nahe der Stadt in leicht hügeligem Gelände (www.golfclub-erfurt.com). Der Thüringer Golfclub Drei Gleichen befindet sich in der Nähe von drei mittelalterlichen Burgen (www.thueringer-golfclub.de). Der Golfclub Eisenach bietet eine 18-Loch-Meisterschaftsanlage in den Ausläufern des Thüringer Waldes (www.golf-eisenach.de). Eine Neun-Loch-Anlage u. a. umfasst der Golfpark Münchenroda (www.golf-jena.de). Mehrere Plätze sind auch beim Golfclub Gera bespielbar (www.golfclub-gera.de) und im Golfresort Weimarer Land, der größten Anlage in Thüringen (www.golfresort-weimarerland.de).
Klettern Thüringen ist kein ausgewiesenes Klettererziel, bietet aber dennoch einiges: Der Falkenstein ist mit 96 m der höchste frei stehende Kletterfelsen des Landes. Am Kletter- und Aussichtsturm auf dem 978 m hohen Schneekopf kann man die 1000-Meter-Marke auf mehreren Routen erklimmen (Termine unter www.1000-meter.de). Auch auf dem Inselsberg wurde eine Kletterwand errichtet. Der tiefste Klettergarten der Welt mit einer 14 m hohen Kletterwand liegt 500 m unter der Erde im Erlebnisbergwerk Merkers (www.down-under500.de). Dazu kommen zahlreiche Kletterwälder und Hochseilgärten, u. a. in Pößneck (www.kletterwald-koala.de), Gera (www. kletterwald-gera.de), Saalburg (www.kletterwald-saalburg.de), Tabarz (www.kletterwald-tabarz.de) und Hohenfelden (www.aktivpark-hohenfelden.de).
Radfahren Rund 1500 km Radfernwege und regionale Routen verlaufen durch Thüringen. Besonders populär unter den 13 Fernrouten ist der 120 km lange **Ilmtal-Radweg** von der Ilmquelle in Allzunah bis zur Mündung in die Saale – er wird regelmäßig als ADFC-Qualitätsroute ausgezeichnet (www.ilmtal-radweg.de). **Flussradwege** begleiten den Lauf von Elster, Saale, Unstrut und Werra. Mehrere historische Städte, darunter Eisenach, Erfurt und Weimar, liegen an der Strecke des 225 km langen Radfernwegs **Thüringer Städtekette.** Thüringen bietet zudem online einen **Radroutenplaner** (www.radroutenplaner.thueringen.de). Rund 140 **Bett & Bike-Häuser** haben sich mit ihren Unterkünften auf Radler eingestellt. In vielen Orten können Fahrräder gemietet werden; ein zentraler **Verleih-Service** für alle Arten von Rädern inkl. E-Bikes und Kinderrädern umfasst inzwischen fast 50 Stationen (www.fahrradverleih-in-thueringen.de).
Der Tourismusverbund Rennsteig Saaleland verleiht **E-Bikes** (Pedelecs) an 13 Stationen; leere Akkus werden unkompliziert gegen volle getauscht (www.rennsteigsaaleland.de).
Reiten Rund 30 Reiterhöfe bieten Ferien für Kinder und Erwachsene, Kutschfahrten, Reitausbildung und therapeutisches Reiten an, teilweise auch in Kombination mit Ferienwohnungen und Zimmern (Informationen unter www.landsichten.de).
Wandern Knapp 7000 km umfasst das Thüringer Netz an Wanderwegen laut Eigenwerbung. 22 Strecken wurden als Prädikatswege zertifiziert. Der bekannteste ist der 169,3 km lange **Rennsteig,** Deutschlands ältester Fernwanderweg. Mehrere 100 000 Wanderer sind hier jedes Jahr unterwegs. Mehr als 1000 km umfasst der neu geschaffene **Lutherweg,** den man am besten in Teilabschnitten in Angriff nimmt. Entlang der einstigen innerdeutschen Grenze verläuft heute das **Grüne Band** mit zahlreichen Biotopen, in denen seltene Tier- und Pflanzenarten Rückzugsgebiete finden. Man kann um Seen wandern (Hohenwarte-Stausee-Weg) oder den Spuren berühmter Persönlichkeiten folgen wie auf dem **Goethe-Wanderweg** (20 km) zwischen drei Goethe-Museen (Ilmenau, Kickelhahn und Stützerbach).

Schloss Burgk über dem Saale-Stausee Burgkhammer

Jedes Jahr von Juni bis Anf. Sept. findet der **Thüringer Wandersommer** mit zahlreichen Wanderveranstaltungen statt.

Wassersport Mehrere Flüsse in Thüringen kann man per **Kanu oder Kajak** befahren: die Werra im Westen, die Unstrut im Norden und die Saale im Süden. Jeder Ort an der Werra hat eine eigene Anlegestelle, in vielen werden Kanus und Boote verliehen, auch die Teilnahme an einer **Floßfahrt** ab Lauchröden ist möglich. Die Saale ist geprägt durch fünf Stauseen: Bleilochtal, Burgkhammer, Walsburg, Hohenwartetal und Eichicht. Auf den großen Seen kommen auch **Segler und Surfer** auf ihre Kosten.

Wintersport Thüringen ist ein beliebtes Wintersportgebiet. Rund um die 57 Wintersportorte findet man 900 km zertifizierte Skiwanderwege, 540 km Winterwanderwege und 655 km Loipen. Der auch im Winter überaus geschätzte **Rennsteig** wird mit 142 km präparierten Loipen zum längsten Skiwanderweg Mitteleuropas. Das größte alpine Skigebiet befindet sich in der **Skiarena Silbersattel** in Steinach – hier stehen Schlepp- und Sessellifte, acht Pisten und Abfahrten von 4 km Länge zur Verfügung. Mehrere Liftanlagen stehen auch in **Oberhof**, dem traditionsreichsten Wintersportziel im Thüringer Wald. Die vier alpinen Skigebiete im Thüringer Wald bieten ein gemeinsames Liftticket an.

Preiskategorien

€€€€	Doppelzimmer	über 200 €
€€€	Doppelzimmer	150–200 €
€€	Doppelzimmer	100–150 €
€	Doppelzimmer	50–100 €

Unterkunft

Hotels und Gasthöfe: Thüringen bietet eine breite Palette an Unterkünften, angefangen bei Stadthotels mit Fünf-Sterne-Niveau über kleine, familiengeführte Pensionen und Landgasthöfe bis zu Reiterhöfen und Urlaub auf dem Bauernhof. Viele Unterkünfte haben sich mit ihrem Angebot auf Wanderer, Radler oder Wintersportler eingestellt. Es lohnt sich zu vergleichen, da bei ähnlichem Preis häufig beträchtliche Unterschiede in Komfort, Geschmack und Service bestehen.

Die Tourist-Information Thüringen bietet einen Buchungsservice für Unterkünfte unter http://buchen.thueringen-tourismus.de/ttg/ukv. Eine kleine **Auswahl** ist auf den jeweiligen Infoseiten dieses Bildatlas zu finden.

Camping Es gibt über 70 Camping- und Reisemobilstellplätze – vom kleinen privaten Stellplatz bis zur Fünf-Sterne-Campinganlage. Ein Hotspot für Camper liegt mit mehreren Plätzen rund um das „Thüringer Meer", die Bleiloch- und Hohenwarte-Stauseen. Auch im Thüringer Wald ist die Infrastruktur sehr gut. Die Tourist-Information Thüringen verschickt eine Faltkarte mit Camping- und Caravanplätzen.

Jugendherbergen Es gibt 22 Jugendherbergen in Thüringen, mit Angeboten für Schulklassen, Vereine und Familien (Informationen unter http://thueringen.jugendherberge.de).

Wellness

Thüringen zählt 19 Kurorte, viele mit langjähriger Tradition wie Bad Liebenstein, Bad Salzungen mit seinem historischen Gradierwerk und Tabarz mit seiner Bäderarchitektur. Unter dem Motto „Waldwellness" werden Angebote in und mit der Natur zusammengefasst, u. a. Yoga über Baumwipfeln im Nationalpark Hainich oder Massagen mitten im Wald. Darüber hinaus gibt es Thermen und Erlebnisbäder, zum Beispiel die Toscana-Therme in Bad Sulza, wo man unter Wasser klassische Musik oder auch Walgesänge hören kann. Die Friederiken-Therme Bad Langensalza besitzt zudem eine Kältekammer mit minus 110 °C, die Ardesia-Therme in Bad Lobenstein eine Moorsauna.

Register

Fette Ziffern verweisen auf Abbildungen

Impressum

3. Auflage 2019

Verlag: DuMont Reiseverlag, Postfach 3151, 73751 Ostfildern, Tel. 0711 45 02 0, Fax 0711 45 02 135, www.dumontreise.de
Geschäftsführer: Dr. Thomas Brinkmann, Dr. Stephanie Mair-Huydts
Programmleitung: Birgit Borowski
Redaktion: Horst Keppler
Text: Oliver Gerhard, Berlin
Exklusiv-Fotografie: Martin Kirchner, Berlin
Abb. Titel sowie S. 60/61, 62 u., 63 l., 63 r. 66 o., 66 u., 67, 69 l., 69 r., 70, 73 l., 73 r., 104 u.r. mit freundlicher Genehmigung der Klassik Stiftung Weimar
Abb. S. 16/17, 42 l.u. und 69 l. mit Genehmigung der VG Bild-Kunst, Bonn 2018
Titelbild: Goethes Gartenhaus im Park an der Ilm, Weimar (Clemens Zahn/laif)
Zusätzliches Bildmaterial: DuMont Bildarchiv/ Sabine Lubenow (S. 72 r.o., 93 r.), DuMont Bildarchiv/Kay Maeritz (S. 76 u., 77 u.), Eisenberger Marmeladenmanufaktur (S. 35 u.), Erlebnis Bergwerk Merkers, K+S Aktiengesellschaft (S. 94 o.), Feriendorf Auenland (S. 114 l., 115 o.l.), Grenzlandmuseum Eichsfeld/ Thomas Rosenthal (S. 52, 54 o.), Haus des Volkes Probstzella (S. 115 u.), Historische Mühle Eberstedt (S. 115 o.r.), Huber Images/Hans-Peter Szyszka (S. 77 o.), iStockphoto (Illustrationen; S. 5, 113), laif/Michael Danner (S. 34 u.r.), laif/Andreas Hub (S. 22 r.), laif/Malte Jaeger (S. 8/9), lookfoto/Tobias Richter (S. 23 u.), Picture Alliance/ dpa-Zentralbild/Matthias Bein (S. 34 l.), Picture Alliance/dpa-Zentralbild/Ralf Hirschberger (S. 70), Picture Alliance/dpa-Zentralbild/Martin Schutt (S. 73 l., 90 M.), Picture Alliance/Klaus Nowottnick (S. 22 l.), Picture Alliance/Hendrik Schmidt (S. 73), Schlossimkerei Tonndorf (S. 35 o.l./o.r.), Shutterstock (Illustrationen; S. 22, 29, 34/35, 59, 73, 114), Vectorstock (Illustration; S. 95)
Grafische Konzeption, Art Direktion: fpm factor product münchen
Layout: Cyclus · Visuelle Kommunikation, Stuttgart
Cover Gestaltung: Neue Gestaltung, Berlin
Kartografie: © MAIRDUMONT GmbH & Co. KG, Ostfildern
Kartografie Lawall (Karten für „Unsere Favoriten")
DuMont Bildarchiv: Marco-Polo-Straße 1, 73760 Ostfildern, Tel. 0711/4502-266, Fax 0711/4502-1006, bildarchiv@mairdumont.com

Anzeigenvermarktung: MAIRDUMONT MEDIA, Tel. 0711 450 20, Fax 0711 45 02 10 12, media@mairdumont.com, http://media.mairdumont.com
Vertrieb Zeitschriftenhandel: PARTNER Medienservices GmbH, Postfach 810420, 70521 Stuttgart, Tel. 0711 72 52-212, Fax 0711 72 52-320
Vertrieb Abonnement: Leserservice DuMont Bildatlas, Zenit Pressevertrieb GmbH, Postfach 810640, 70523 Stuttgart, Tel. 0711 7252-265, Fax 0711 7252-333, dumontreise@zenit-presse.de
Vertrieb Buchhandel und Einzelhefte: MAIRDUMONT GmbH & Co. KG, Marco-Polo-Straße 1, 73760 Ostfildern, Tel. 0711 45 02 0, Fax 0711 45 02 340
Reproduktionen: PPP Pre Print Partner GmbH & Co. KG, Köln
Druck und buchbinderische Verarbeitung: NEEF + STUMME premium printing GmbH & Co. KG, Wittingen, Printed in Germany

Allgäu

Einfach entspannen
Wellness – von der Sauna über Moor- und Heubad bis zu Kneipp- und Schrothkuren.

Alles Käse?
Neue Wege in der Käseproduktion und -vermarktung.

ArchitekTouren
Ein Streifzug durchs Allgäu auf den Spuren zeitgenössischen Bauens.

Iran

Museal und dynamisch
Teheran ist eine spannende Weltstadt, prall gefüllt mit musealen Schätzen.

Religiöses Fundament
Eine kleine Einführung in das Schiitentum.

Reich der Sinne
Ein Basar ist schöner als der andere. Die allerschönsten stellen wir vor.

www.dumontreise.de

Lieferbare Ausgaben

DEUTSCHLAND
207 Allgäu
092 Altmühltal
105 Bayerischer Wald
180 Berlin
162 Bodensee
175 Chiemgau, Berchtesgadener Land
013 Dresden, Sächsische Schweiz
152 Eifel, Aachen
157 Elbe und Weser, Bremen
168 Franken
020 Frankfurt, Rhein-Main
112 Freiburg, Basel, Colmar
028 Hamburg
026 Hannover zwischen Harz und Heide
042 Harz
023 Leipzig, Halle, Magdeburg
131 Lüneburger Heide, Wendland
188 Mecklenburgische Seen
038 Mecklenburg-Vorpommern
033 Mosel
190 München
047 Münsterland
015 Nordseeküste Schleswig-Holstein
006 Oberbayern
161 Odenwald, Heidelberg
035 Osnabrücker Land, Emsland
002 Ostfriesland, Oldenburger Land
164 Ostseeküste Mecklenburg-Vorpommern
154 Ostseeküste Schleswig-Holstein
201 Pfalz
040 Rhein zw. Köln und Mainz
185 Rhön
186 Rügen, Usedom, Hiddensee
206 Ruhrgebiet
149 Saarland
182 Sachsen
081 Sachsen-Anhalt
117 Sauerland, Siegerland
159 Schwarzwald Norden
045 Schwarzwald Süden
018 Spreewald, Lausitz
008 Stuttgart, Schwäbische Alb
141 Sylt, Amrum, Föhr
204 Teutoburger Wald
170 Thüringen
037 Weserbergland
173 Wiesbaden, Rheingau

BENELUX
156 Amsterdam
011 Flandern, Brüssel
179 Niederlande

FRANKREICH
177 Bretagne
021 Côte d'Azur
032 Elsass
009 Frankreich Süden Okzitanien
019 Korsika
071 Normandie
001 Paris
198 Provence

GROSSBRITANNIEN/IRLAND
187 Irland
202 London
189 Schottland
030 Südengland

ITALIEN/MALTA/KROATIEN
181 Apulien, Kalabrien
017 Gardasee, Trentino
110 Golf von Neapel, Kampanien
163 Istrien, Kvarner Bucht
128 Italien, Norden
005 Kroatische Adriaküste
167 Malta
155 Oberitalienische Seen
158 Piemont, Turin
014 Rom
165 Sardinien
003 Sizilien
203 Südtirol
039 Toskana
091 Venedig, Venetien

GRIECHENLAND/ZYPERN/TÜRKEI
034 Istanbul
016 Kreta
176 Türkische Südküste, Antalya
148 Zypern

MITTEL- UND OSTEUROPA
104 Baltikum
208 Danzig, Ostsee, Masuren
169 Krakau, Breslau, Polen Süden
044 Prag
193 St. Petersburg

ÖSTERREICH/SCHWEIZ
192 Kärnten
004 Salzburger Land
196 Schweiz
144 Tirol
197 Wien

SPANIEN/PORTUGAL
043 Algarve
093 Andalusien
150 Barcelona
025 Gran Canaria, Fuerteventura, Lanzarote
172 Kanarische Inseln
199 Lissabon
124 Madeira
174 Mallorca
007 Spanien Norden, Jakobsweg
118 Teneriffa, La Palma, La Gomera , El Hierro

SKANDINAVIEN/NORDEUROPA
166 Dänemark
153 Hurtigruten
029 Island
200 Norwegen Norden
178 Norwegen Süden
151 Schweden Süden, Stockholm

LÄNDERÜBERGREIFENDE BÄNDE
123 Donau – Von der Quelle bis zur Mündung
112 Freiburg, Basel, Colmar

AUSSEREUROPÄISCHE ZIELE
183 Australien Osten, Sydney
109 Australien Süden, Westen
195 Costa Rica
024 Dubai, Abu Dhabi, VAE
160 Florida
036 Indien
205 Iran
027 Israel, Palästina
111 Kalifornien
031 Kanada Osten
191 Kanada Westen
171 Kuba
022 Namibia
194 Neuseeland
041 New York
184 Sri Lanka
048 Südafrika
012 Thailand
046 Vietnam